检察业务管理
指导与参考

JIANCHA YEWU GUANLI
ZHIDAO YU CANKAO

最高人民检察院案件管理办公室 / 编

2022年
第2辑
（总第14辑）

中国检察出版社

《检察业务管理指导与参考》
编 委 会

江苏省院

　　江苏检察机关依托自主研发的评查系统在全省范围开展案件质量网上异地评查。以真评促真改见真章，助推办案高质监督高效。

无锡市院

　　无锡市人民检察院案管部作为高检院案件管理创新工作试验点，创新建立"定制化"精准数据分析研判机制。

南京市院

　　南京检察能动司法，保障律师执业权利。通过中国检察网实现案件信息"云"查询、异地阅卷"云"传输。

徐州市院

　　徐州检察机关能动履行监管和服务职能，积极打造全省有影响的业务数据研判会商品牌。

常州市院

常州案管依托数据联络员机制和数据核查专业化团队，以默契、专业、敬业的精神，建设高质量检察数据。

苏州市院

苏州案管上下一体，打造"苏管强"办案团队，以能动监管、数字赋能提升品质、擦亮品牌。

南通市院

南通检察机关邀请人民监督员参加案件质量评查等工作，融合内外部监管资源，助推案管工作全省领先。

连云港市院

连云港市案管部门组建案管专项评查小组，每年两轮评查竞赛提升核心素能。

淮安洪泽区院

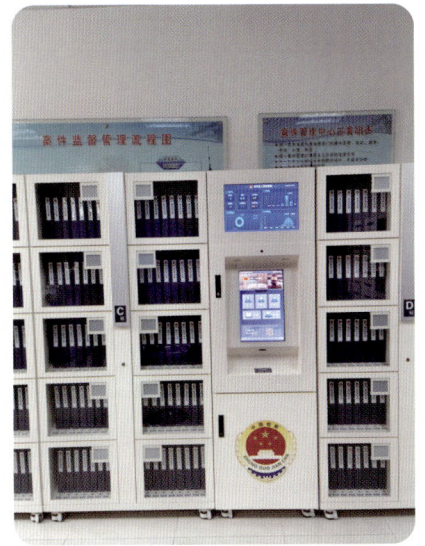

淮安洪泽区院部署"智慧云柜系统"，纸质卷宗入柜，"单轨制"办案模式全面推开。

扬州仪征市院

仪征市院案管部门常态化制发《案件质量提醒》，预警办案实体和程序风险点。

盐城市院

盐城检察机关从涉疫案件快速流转机制到异地阅卷让律师"少跑路"举措，推动"我为群众办实事"落地生效。

镇江市院

镇江两级案管部门深入推进人民监督员十种参与监督方式的全覆盖。如邀请人民监督员参与公益诉讼公开听证会。

泰州市院

"案卡医生"实现检察业务数据核查自动化

"案卡医生"智能辅助软件是一款泰州市、海陵区两级院共同自主研发的业务数据核查软件，主要功能是检察统一业务应用系统案卡填录的完整性和准确性，旨在简化工作流程、减少人工工作量。

"案卡医生"能最大限度地减少人工操作，根据预先设置的核查规则，一键即可启动核查工作，通过计算机运算，短时间内得到核查结论，且准确率达到90%以上。软件可自动判断报表类型，并根据内置规则核查分析，随后自动将发现的问题，在汇总、筛选、排版后，生成一目了然的表格，并可由数据管理员直接将分析结果发送业务部门核查整改。

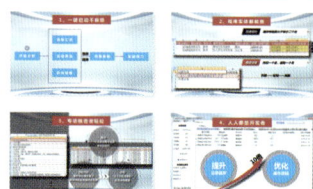

海陵区院通过"案卡医生"共发现各类问题203类1357条，并将"案卡医生"数据核查列为日常工作，对发现的问题督促业务部门及时整改，新增问题数大大下降。2020年以来，全国各级检察机关共有近200台电脑主动使用"案卡医生"开展案卡数据核查3895次，以每次核查10分钟计算，节约单人工作时间约649小时，折合81个工作日。

泰州市院、海陵区院联合研发"案卡医生"软件，率先推动全省业务数据核查从人工操作向机器运算的跨越。

宿迁市院

江苏省沭阳县检察院研发"检律e联"小程序，可以在线开展案件程序性信息查询、预约阅卷等六项业务。

前　言

2019 年 3 月，《检察业务管理指导与参考》创刊，如一株破土而出的幼苗，根植于"四大检察"全面协调充分发展的"沃土"，伴随案管工作实践，在全国案管人的重视与呵护下茁壮成长，不断结出引领检察业务管理助推检察业务高质量发展的累累硕果。

《检察业务管理指导与参考》作为检察业务管理理论与实务研究的专门期刊，始终秉持的宗旨是，深化理论研究以指导工作，推介实务经验以供借鉴参考，理论与实务紧密结合，促进全国案件管理工作深入开展，为"四大检察""十大业务"发展贡献案管力量。

我们致力于把《检察业务管理指导与参考》打造成案件管理理论创新的基地。深入学习贯彻习近平法治思想，革除不合时宜的观念理念，打破体制机制的制度性障碍，聚焦案件管理的基础理论、重大课题和制约案件管理创新发展的"瓶颈"问题，与时俱进创新案件管理理论，引领不断发展的案件管理工作实践。

我们致力于把《检察业务管理指导与参考》打造成实务经验交流的载体。鼓励实务探索，倡导凝练总结，将"三大监督""四大服务""管好管理"的生动实践，融入理性思考和理论升华，通过《检察业务管理指导与参考》这个平台晒出来、辩起来、推广开来，促进交流碰撞和思想解放，从而始终保持案件管理机制改革创新的源头活水，助推案件管理工作整体提升。

我们致力于把《检察业务管理指导与参考》打造成开阔案件管

理眼界的窗口。跳出检察业务管理的局面，加强中外司法管理的比较研究，汲取其他执法司法机关的业务管理理论成果，借鉴社会治理、现代企业管理的成功实践和创新理论，引导案管人打开眼界，拓宽视野，以"他山之石"，成案件管理之功。

《检察业务管理指导与参考》是案管人自己的刊物，记载着案管人的奋斗与追求、激情和汗水，更将描绘出案件管理工作的希望与梦想、今天与明天。案件管理理论研究，案管人使命在肩，责无旁贷。各地案件管理部门和广大案管人，既要重视、支持和参与撰稿投稿、编审征订工作，也要学好用好这个刊物，为案件管理工作助力、赋能。

理论启智心灵，实践创造非凡。让我们一起为案件管理工作铺一条光明的路，开满希望的花，结出丰硕的果。

目　录

全国检察机关案件管理理论与实务培训班

QUANGUO JIANCHA JIGUAN ANJIAN GUANLI
LILUN YU SHIWU PEIXUN BAN

编者按：9 月 16 日至 18 日，在山西太原召开了 2021 年全国检察机关案件管理理论与实务培训班。申国军主任在培训班上授课，总结了当前案管工作存在的十个方面的问题，并对解决问题、"往实里抓"抓好落实提出要求。上期已经刊发申国军主任的讲课稿第一部分，其中涉及前五个方面的问题，现将申国军主任的讲课稿第二部分刊发如下，供各地学习领会、贯彻落实。

坚持问题导向　敢于担当作为
务实推进案管工作全面深入高质量发展
（二）

申国军[*]

目　次

六、 着力创新理念和方法，确立"往实里抓"的新思维

首先是更新管理理念。理念一新天地宽，理念实际上是方向、是关键、是思想。我们现在说的理念就是三个：科学管理、能动管理、智慧管理。它们不是并列关系。科学管理实际上是核心，是标准，是方向，是目标；能动管理是态度，是工作的积极性、主动

　* 最高人民检察院案件管理办公室主任。

性；智慧管理是方法。人少事多干不完，在信息时代，我们靠什么？靠机器人来管，靠智慧管理。从工作的方向标准，到工作的态度，到工作的方法，三种理念就这种排序。

第一个是科学管理。张军检察长非常重视科学管理，讲话中也说了科学管理观，我在总结中也说了这个观点，就是管理不科学还不如没有管理。

从社会国家层面叫治理，从单位层面就叫管理。你看我们来时候堵车，其中一个原因就是管理水平低，社会发展的软件没跟上。就如交通管理，十字路口东西向没车了，南北向停满车等待通行，能不能自动将绿灯调整到车多的方向？

我们案件管理的科学管理水平偏低。比如说流程监控。流程监控的要点就有270多条，上千个控制节点。如果不通过科学的设置、科学的理念去管理它们，那我们无论有多少人——配置5个人、10个人，还是500个人——都会陷进去。

比如说同级监督难的问题。这个问题一直存在，一直有怨言。通过什么解决？要科学管理来解决。"案－件比"是比较灵活的。昨天在太原市检察院了解到有几个基层院的"案－件比"是1.0，这就是不科学的。为什么高检院对"案－件比"设置通报值？因为"案－件比"不是越低越好，而是越符合实际越科学越好。该退的就要退，该延期的就要延期，不能因噎废食。"案－件比"是什么？是一个宏观指标。许多检察长把它变成一个微观指标。不同的案件、不同的类型、不同的难易程度决定了"案－件比"，决定要退几次。所以我们管理的时候要科学，有时候管理走到了目的的反面，矫枉过正，这就是不可取的。

我们搞管理的人一定要记住这一点：如果说世界上最难的事情就是管理、是考评的话，那我们要实事求是，科学的前提就是实事求是。所以现在把刑事的4类案件分设不同的"案－件比"通报值。重大犯罪案件跟普通犯罪案件，当然重大犯罪案件的时间要长了，"案－件比"较高，我们一股脑儿地不加以区分怎么可以呢？刑事案件跟民事行政公益案件又不一样，所以我们要科学化。其实还有一个经济化，要分类。我们联系点在这方面就要创新，就像改革示范区似的，要趟雷区，要做奉献，要担当。

科学管理是最重要的理念。我们一定要树立这种理念，而不是为管理而管理。不是要降低"案－件比"吗？这个"案－件比"怎么降呢？上有政策下有"对策"。比如取保候审了，这个事件"案－件比"就是"1"了。这时候我们搞管理的怎么办呢？我们通过办案的时长来分析：一个轻微的案件办案的时间那么长，原因是什么呢？这就是科学管理。

所以，上有政策下有"对策"，我们针对"对策"，再出新的政策。现在我们数据库正在分析大家应对"案－件比"的方法。管理和被管理就是一对矛盾，要允许这个矛盾存在，我们要解决这个矛盾。

第二个是能动管理。能动管理我觉得是工作态度，就是要以柔软的身段、坚定的态度去管理，让人家能接受。这就要发挥能动性，管理与服务相结合。我们管理的态度很坚定，意见坚定不移，你必须接受；但是我们要通过委婉的方式，让人心悦诚服地接受，甚至还要感谢我们监督。

我在秦城检察室任职的时候，提出过一个理念：检察室是监狱的第三只眼睛，替监狱看着。检察室发现了问题向监狱通报，给监狱发意见，监狱把问题就解决了。我锻炼我的队伍，成绩算你的，这两家关系就好了。

能动管理最重要的，就是发挥主观能动性，而不仅仅是学别人种地。大家都种地，这块地长的小麦，那块地种的果树，第三块地什么都没种，人家在开矿，谁的效益高？

第三个是智能管理。我们也叫"智慧案管"，就是通过智能管理解决"人少事多"的突出问题。我们能不用人工做的，都要让机器去做，分析研判、质量评查、数据监管都可以让机器做。

像数据监管，我们现在基本上都实现了对全国数据的自动筛查、自动管理。如果检察官填错了，数据自动降分、自动提醒。比如我们上次是查了四十几万的数据，准确率达 94.4%。那么多数据靠一个个的人查怎么可能呢？机器来查，全国的数据就查清了。全省数据也可以这样查，通过系统把高检这个报告理一理，缩小瘦身成省里的，再查一次。"抄作业"左顾右看，上面也可以传播，甚至下面人家市里做好的，省里也可以抄作业。我们叫扬弃学习，这就是智能管理。

其次是创新机制。一体化的机制我已经说过了：全国一体化，全省一体化，全市一体化。只有一体化了，案管主任才找得到感觉：你领导的是全市全省全国，而不是就案管办几个人，就出这么点成绩。全省案管的成绩都是你全省案管办的，都是你全省案管办主任的，全省出了问题也都是你案管办主任的。要树立这个观念，做到全省一盘棋。要想跟其他部门去竞争去进步，就要借鉴我们兄弟单位的力量，借助上级院的力量，借助下级院的力量，这就叫一体化。

现在我们 30 多个省级院的案管主任大多数都没什么联系。省级院案管办跟高检案管办都没有联系，你怎么可能吃透上情——你要干好工作，那是运气好；兄弟单位的案管办主任你都没有联系，不知道人家怎么干——你要干好工作，那也是运气好。

什么叫一体化？上下左右纵横都要建立联系，不管哪些工作，我们都要用一体化的方式来建设。不是你一个人在战斗，不是你一个市的案管办人员在战斗，也不是你一个省的案管办人员在战斗，是我们全国所有案管办的机构、人员跟你一起在这儿——无坚不摧怎么可能干不好呢？

最后是创新工作模式。或者说叫创新工作方法。方法都是人想出来的，我说的质量评查邀请退休的检察官、法官，这就是方法；我们邀请其他业务部门的人来，这就是方法；我们可以找这个地方统计部门的，给我们讲讲怎么搞统计搞分析，让人家陪着我们搞检查，这就叫方法。方法实际就是借力，我自己干不了，创新一种新方法，把别的力量借过来以后帮助我们干，这叫创新能力。在这里可以明确地跟大家讲，靠自己干的，你再努力，也就是自己一个人的成绩；你利用了外力、外脑，你利用了 10 个人，那个成绩就是你的 10 倍。所以说，大家都是在靠自己这点力量的时候，你会借力，就可以做出超越别的部门 5 倍、10 倍甚至 15 倍的成绩。观点确立以后，方法是决定性的。

七、 加强对下综合指导，把"往实里抓"向基层传导

加强对下综合指导最根本的问题就是管理的管理，我们现在从高检到下面都做得不够。

首先要建立评价体系。无评价即无管理。办案部门通过业务应用系统和案件质量评价指标，对各地区、各条线案件办理情况能够有一个宏观的评判。但是案件管理部门却没有一个系统把我们的案件管理数据实时生成，用以评价管理工作。干与不干、干多干少、干好干差不受影响，导致各地案管工作落实的随意性。高检院案管办对省级院案管办工作的好坏，要建立评价指标，前 5 名、前 10 名的要通报，后 10 名的也要有压力。

其次是加强对下指导。主要是分类指导、分地域指导。比如现在对五个自治区、四个直辖市做专题分析，下一步我们可以把五个自治区的叫在一起互相借鉴，看谁干得好，谁干得差。四个直辖市也可以这样。东三省能不能在一起？京津沪附近的五六个地方能不

能在一起？广东跟华东一片的、华东的跟新疆西藏的……我们能不能开个会？不管是搞理论研究，还是解决具体问题，都要突出具体性、针对性。大家彼此熟悉了，"抄作业"也方便，不违反原则。

加强分类、分地区指导，最终要加强面对面的指导、基层调研。这个方法是高检院的方法，也是我们省级院的方法。我们省一级也要争取使用这个办法，把几个市案管办叫在一起，去调研，去帮他们解决问题。我的观点是，在市案管办的位置，你只要不让他出成绩，他就很难进步，他不能进步，时间长了就没工作积极性，所以我们帮助他解决困难问题，然后推着他进步给他出成绩，上级院就做这些；高检院案管办是我们各级院案管办的娘家，以后我们可以不搞什么分级，电子库上的资料每一个案管办的人都可以看，我们也不惧其他部门学去，心胸开阔一点。

八、 重视总结经验和理论研究

善于总结经验。我认为我们一个很重要的问题就是不注重总结。一定要注意总结。经验提炼升华以后就变成理论。如果经验不提炼不升华，永远是工作方法，工作永远在低水平还不会上升，至少不会跨越式地上升。所以说做完一项工作就要总结一次。

算上这次，我到高检院案管办后已经讲了六七次课了，包括纯业务的。第一次组织数据质量检查后，我写了一个课件，讲了一次数据检查；第二次组织质量评查回来，我写了一个课件，写的质量评查；前一段时间又根据自己搞数据分析，写了一个数据分析的课件，比如说怎么坚持两点论，怎么规范化。做完一项工作给它固定住，就是自己的成果，而不是这项工作做完就结束了。大家在这一点上要往前多走几步。

我们想下一步要在全国培养、推出几个讲课的教师。不讲资历不讲职务，谁讲得好就提谁，到西部地区去讲，到其他地区去讲。

高检院《案件管理工作情况》，作为主任可以看看你一年到头在上面发表了多少？今年底我们想把这个工作情况通报一下，我们用了多少稿子。你说你工作干得好，上级院那儿没地位，那个地位在哪里？不是我说你干得好就干得好。

善于进行理论研究。现在我们正在编一套教材，共5本。我在五厅当副厅长的时候，组织他们编了一套教材，在反贪总局当主任的时候组织编了一套教材，到这儿以后又开始组织编教材，我感觉总要留下些什么。我刚到这当案管办副主任的时候，有很多分散的材料要我熟悉，当时下意识就想，如果要有几本书，讲好从理论到实务到底是怎么做的，新到案管的人员有问题看看不就解决了。

今年3月我们列了196个理论课题，几乎穷尽了我们想要的课题。大家报过来，10月底前我们要进行一次整理审核，可以出个集子，然后这些课题文章可以放在电子文库上。这里我多说一句，我们跟《中国检察官》杂志每期有一个专栏。你们认为好的稿子给我们，我们直接就推荐过去了。大家以后多订阅学习《中国检察官》杂志，各省都可以组织好稿子。下一步我们也跟《人民检察》杂志联系，给你们提供阵地，包括《检察业务管理指导与参考》。

这边给你们提供阵地，而且还给你"抄作业"的范本，你把经验做法上升到理论。我是这么讲，明年开专业委员会的时候，如果我们的理事，特别是我们省院的主任，你都没有发表过一篇文章，没有搞过一个课题，对不起，下一次就剥夺理事，因为你叫"理事"却不理事。我们要把这些干部从工作中逐步解放出来，出成绩，出成果。

九、 加强案件管理信息化智能化建设，构建"往实里抓"的技术支撑

案件管理工作天生具有信息化基因，始终与信息技术的进步同

向而行。自从2014年检察业务应用系统上线运行以来，实现了检察办案信息化。但是，除数据统计外，案件管理工作的信息化、智能化建设严重滞后。到目前为止，案管办还没有一个成熟的业务系统或平台。流程监控子系统尽管已部署，但是与检察业务应用系统2.0版对接还存在困难，业务数据分析研判、案件质量评查、案件质量主要评价指标统计、案管办自身的业绩考评等，主要靠手工操作，影响工作质量和效率。

6月份，我们对全国检察机关案件管理机构队伍现状和基层案管工作开展情况进行了调研。在这个调研报告中，我们提出，从机构队伍现状看，目前检察机关市县院案管部门人员少、任务重的矛盾，短期内很难解决，向科技要生产力是必然选择，"智慧案管"建设已经成为提高案管工作质效、破解履职难题的根本途径。

现在高检院正在搞智慧检务，我们抓住这次机会，经与技术信息中心前期充分沟通研究，初步将"智慧案管"和"智慧办案"定位为"智慧检务"工程的两大核心内容，实现流程管理自动化、案件评查智能化、数据运用知识化、信息公开全息化、需求统筹结构化。智慧案管不能光我们高检院案管办干，这是全国的事情，下一步我们专门去研究。

十、 加强专业化队伍建设，提升"往实里抓"的能力素质

队伍建设这一块，我们的重心是抓两点：一点是专业化，一点是纪律作风建设。

专业化就是"六大能力"的培养提高。以后再搞培训班，决不能搞拼盘式的培训班，宏观、中观问题都不再讲，我们要讲专题。比如一次课就解决质量评查的问题，而且只讲中观以下的，什么类型的案件、我们怎么评查、拿出什么意见，让我们那些开展得好的

人现场来做介绍。我建议我们各省也采取这种方式。

下一步我们准备把高检院的，包括地方的一些好的讲课稿、好的视频，出一版。来到案管部门就先去看看。而且要具体、微观解决问题，高大上的东西尽量少点；少研究宏观理论，多解决问题。

纪律作风这一块，2021年上半年基层两级院教育整顿，在案管部门工作期间发生的违法违纪51个，专门发了通报。这里要强调的是，我们案管办的主任，你带的这支队伍，你洁身自好、没出问题，结果你的团队出问题了，那你对不起人家，因为人家跟着我们一起干。案管办主任要严格管理，每一个人出问题背后都有一个家庭，这个家庭背后就有几个家庭。我们要有切肤之痛、切身之感，一定要两手抓，一手抓业务的发展，一手抓队伍，绝对不能把党建当成可有可无，你业务工作不管搞得多好，最后出了问题，一切归零，人生还要归零。

最后，我今天讲这些可以归纳出这么几点，我总结叫"3＋3＋2"。

第一个"3"是"三个点"。抓重点，克难点，创亮点。不管采取什么方法要把这三个点抓住了，这是基础。

第二个"3"是"三个地位"。第一个是你这个案管主任、你这个案管部门在全院各业务部门中、各业务部门的主任心目中有没有地位。第二个是在院领导眼中有没有地位。第三个是在上级院案管部门中有没有地位。你们自己拿这三个地位来衡量好不好。

第三个"2"是"两个提升"。第一个提升，是经过三至五年，在座的这些案管主任，你还能不能进步了，这是一个标志。我希望不要靠领导的同情，说你天天加班熬夜提拔你，而是要通过你的创新发展，不提拔你，事业就会受损失，你管理能力高、组织能力高、领导能力强，这样提拔你。第二个提升，是光提升自己还不行，还要提升你这个团队。你提拔了，那副主任就得接上班，工作事业就能持续发展；你走了以后别人都不成长，你走了以后大家对你有意见，太自私了。也就是说你进步了，你团队的人也能进步，事业能够持续发展，理念能够保持下去。

理论前沿

LILUN QIANYAN

《最高人民检察院案件管理办公室案件统一受理流转工作规定》的理解与适用

周先发[*]

目　次

---

* 最高人民检察院案件管理办公室案件流程管理处副处长、二级高级检察官助理。

（八）进一步明确了案件分配后变更承办部门的程序方式

（九）进一步规范了案件退回、申请撤回等的流转方式

（十）进一步明确了结案备案的程序规定

2021年5月11日，最高人民检察院案件管理办公室印发《最高人民检察院案件管理办公室案件统一受理流转工作规定》（以下简称《规定》），自发布之日起施行。《规定》作为案件管理制度体系的重要组成部分，重点规范案件受理审查、流转工作，对充分发挥案管部门服务司法办案和案件集中管理职能，促进检察机关规范司法、公正司法、严格司法，具有十分重要的意义。为了更好地指导各级案管部门贯彻落实《2022年案件管理工作要点》提出的"要进一步健全完善案件统一受理流转工作机制"要求，特撰发《规定》的理解与适用。

一、《规定》的制定背景

随着司法体制改革深入推进，国家监察体制改革、检察机关内设机构系统性、整体性、重塑性改革落地，对检察机关履行法律监督职能提出了新要求新标准，构建与之相适应的科学、合理、有效的案件统一受理流转机制势在必行。

制定《规定》是落实习近平法治思想的务实举措。习近平法治思想提出：坚持在法治轨道上推进国家治理体系和治理能力现代化。法治是国家治理体系和治理能力的重要依托。只有全面依法治国才能有效保障国家治理体系的系统性、规范性、协调性，才能最大限度凝聚社会共识。2019年11月15日，张军检察长在全国检察机关学习贯彻党的十九届四中全会精神电视电话会议上指出，"要围绕国家治理体系和治理能力现代化这个目标，落实、深化司法体

制改革，发展完善中国特色社会主义检察制度"。2020 年 11 月 17 日，张军检察长对贯彻落实习近平法治思想提出要求，"要把强化检察监督落到实处，要强化监督制约，特别是要在办案中监督，在监督中办案，既要治末端，也要重前端，防未病、治未然，以法治方式助推国家治理体系和治理能力现代化"。案件管理机制改革是中国特色检察制度创新发展的有机组成部分，对检察制度创新发挥着保障和促进作用。从本质上讲，《规定》作为案件集中管理制度体系的重要组成部分，关系着检察环节的前端和末端，也是完善中国特色社会主义检察制度的根本体现，有利于提高国家治理体系和治理能力现代化。

制定《规定》是深入推进落实各项改革举措的现实需要。习近平总书记指出，深化司法体制改革，建设公正高效权威的社会主义司法制度，是推进国家治理体系和治理能力现代化的重要举措。当前，司法责任制改革初步完成，"捕诉一体"的刑事检察工作机制全面确立，"四大检察""十大业务"总体布局初步形成，刑事诉讼法、人民检察院组织法、人民检察院刑事诉讼规则、民事诉讼监督规则、行政诉讼监督规则、公益诉讼办案规则已经颁布施行。2020 年底刑法修正案（十一）发布后，修改或者新增的罪名牵涉最高检各刑事检察部门的职能分工调整。在此背景下制定《规定》作为落实各项改革举措的配套制度，具有十分重要的现实意义和实践价值。

制定《规定》是在党史学习教育和教育整顿活动中解决顽瘴痼疾的必然要求。统一受案是案件管理部门的一项法定职责，是履行流程监控、质量评查等职能的基础，也是案件办理的源头和前提。虽然《最高人民检察院案件管理暂行办法》《人民检察院案件流程监控工作规定》等对最高检案管部门案件受理作出一些规定，但是这些规定不够具体，操作性也不强。实践中存在一些突出问题：一是受理标准不统一。长期以来，最高检机关统一受案只有简单的所需材料目录清单，不涉及案件分配、流转程序等。检察机关内设机构改革后，各办案部门或者检察官对案件受理标准的要求变化较大，各不统一，这就容易引起移送、接收单位对受理条件的争议。二是案件材料不齐备。由于没有统一标准，部分案件报送材料不齐全、不规范，案管人员、办案人员都不好把握，需要反复协调而影响受案效率。三是系统操作不规范。有的办案部门收到应当由案管部门统一受理的案件类型后，不及时送案管大厅登记受理、分流，造成统一受理和监管"盲区"。部分检察官在检察业务应用系统外进行拟制文书、报批、审批、流转、用印、打印等操作，出现线上、线下"两张皮"办案，系统中不拟制办结文书入卷或者送案，也不结束办案流程，造成案件"假性超期"。四是流转程序不顺畅。一些案件下级侦查、监察机关认定的罪名与省级检察院认定罪名不一致，报送最高检办理时相关办案部门存在管辖分歧。一些罪名因刑事检察部门职能分工分歧可能造成推诿扯皮。一些短期内无法作出终结性决定的案件，检察官往往不结束办案流程或者依规申请延长办理期限，作出退案决定后也不将退案的书面材料抄送案件管理部门。有的办案部门在检察业务应用系统外办结案件后，不及时将终结性法律文书抄送案件管理部门备案。这些都影响了案件受理、办理的质效，亟须结合党史学习教育和全国政法队伍教育整顿，进一步规范案件受理流转工作，重点解决其中的顽瘴痼疾。

二、《规定》的起草思路

在《规定》起草过程中，坚持以习近平新时代中国特色社会主义思想为指导，全面贯彻习近平法治思想，结合党史学习教育和全国政法队伍教育整顿的工作要求，总体上遵循依法、规范、公平、高效的基本思路。

（一）坚持促进规范司法与提高办案效率相结合

一方面通过完善案件统一受理流转机制，统一受理标准、规范流转程序，努力发挥受案审查的门前岗、站前哨作用，从源头上强化流程监控，防止带病案件进入检察环节造成司法资源浪费，加强监督管理，促进规范司法；另一方面，遵循办案工作规律，尊重检察官主体地位，以服务办案部门为主，努力做到科学合理、便捷可行，有利于提高工作效率和办案质量。

（二）坚持突出重点与问题导向相结合

开展案件统一受理流转工作，必须解决当前标准不统一、流转不规范、受理效率低等突出问题，用制度规范扎紧权力笼子，进一步健全案件集中管理的制度体系，促进案件受理流转规范化、集约化、高效化发展。同时，重点是把好案件受理、结案审核两个关口，突出各类型案件受理标准条件，强化案件统一受理和结案备案审核工作，明确案件在检察环节的分案、流转规定，包括捕诉一体模式下的同一、互斥分案规则、案件分配救济、退回撤回案件等，防止产生人情案、关系案、金钱案，而涉及案件承办确定、流程监控规定等文件中的内容就不再重复，仅为保证体例完整做一简要概述。

（三）坚持立足最高检实际与发挥示范引领作用相结合

最高检办理的案件往往重大、复杂、敏感，类型多样、特殊，办案活动权威性、指导性强，内部分工细，如罪名管辖、专业分工、特殊管辖等情况要做明确职责划分，对这些情况必须充分顾及；同时，也注重发挥最高检案件统一受理流转规定的标杆作用，特别是在贯彻落实习近平法治思想上带好头，内容设计上为地方检察机关留出结合本地实践丰富扩展的空间。

三、《规定》的主要内容

《规定》共五十五条，涵盖了"四大检察""十大业务"，包括总则、案件受理标准、案件审查分配、流转程序共四章，第一章"总则"为第一条至第五条，包括目的和依据、定义、工作原则、受理范围、禁止性规定；第二章"案件受理标准"为第六条至第三十五条，涵盖了最高检办理的四大检察共28种案件类型，从案件材料准备、报送先决条件、报送期限等进行规范；第三章"案件审查分配"为第三十六条至第四十九条，主要确定基本分案规则、分案同一规则、分案互斥规则；第四章"流转程序"为第五十条至第五十五条，主要解决实践中系统外办案、分案争议处置、退回撤回案件、结案备案等程序性问题。主要内容简要说明如下：

（一）对案件受理流转进行明确定义

为统一案件受理标准，解决案件分配后变更、撤回退回案件等流转程序不畅以及轻视结案备案等问题，突出受案审查的检察业务属性，《规定》第二条对案件统一受理流转作出明确定义，即"案件统一受理流转包括案件受理审查、分案流转、结案审核等检察业务活动"。

（二）进一步扩展了案件统一受理的范围

考虑到前后文件的一致性，结合实际有所传承，《规定》第四条主要援引了《最高人民检察院案件管理暂行办法》第六条内容，经征求最高检业务厅局意见并结合《人民检察院刑事诉讼规则》等，增加了12项内容，主要是新增了"被监督单位申请复查案件""申请没收违法所得案件""侦查机关移送起诉的需要报请核准缺席审判案件""核准追诉低龄未成年人""省级院报请的同级法院一审的上诉、监督省级政府的行政公益诉讼、批准延长审查起诉期限、指定管辖、移送起诉等公益诉讼案件"等，顺序与随后的各案件类型受理标准基本对应。同时设置兜底条款"其他依照规定由案件管理办公室统一受理的案件"，便于将来工作需要扩展由案件管理部门统一受理的案件范围。

（三）进一步明确了案件受理流转的禁止性规定

针对最高检巡视组要求整改的"个别检察厅在检察业务应用系统外办理应当由案管办统一受理的案件，造成监管盲区"问题，《规定》第五条明确了办案部门无论从什么渠道接到案件，首先查看系统中是否登记此案件，若没有就应当送案件管理部门统一受理登记录入系统，否则无法预留文号制发法律文书，需要重新录入系统再行经过制作文书、报批、要号、用印、打印等办案程序。同时规定特殊情况下必须在检察业务应用系统外办理案件的，应当报经本院主要负责人审批同意。

（四）进一步完善细化了各类案件受理标准

《规定》第六条至第三十三条明确了最高检案管办统一受理的28类常见案件的受理标准，主要体例包括法律文书、案卷、电子卷宗、涉案财物清单、检委会会议纪要等案件材料是否齐备，报送期限规定，犯罪嫌疑人是否在案以及强制措施情况等，关于管辖权的审查放到第三十五条总体受理标准中，规定了"应当符合属于本院管辖、案卷材料齐备、装订规范等条件"。考虑到条款的层级深度问题，没有采用刑事、民事、行政、公益诉讼四大检察的一级目录，但是按照四大检察体例列举了常办28类案件的受理标准。对审查逮捕、审查起诉等，还区别报送、移送单位再细分列举；对刑事抗诉区别二审和审判监督程序细分列举；对民事、行政抗诉案件分别列举；对公益诉讼案件单独编列六条表述，其他未囊括的案件类型参照刑事或者通用案件类型标准，比如公益诉讼请示案件等。第三十四条对未列举案件类型的受理条件作一兜底规定，即其受理条件可与相关办案部门商定补充。实践中，报送案件时缺少案件材料的问题尤为突出，比如核准追诉案件可能缺少犯罪嫌疑人是否重新犯罪情况的证明材料，可能缺少被害方、案发地群众、基层组织等的意见材料并加盖村社区组织印章，有些案件可能缺少检委会讨论记录或会议纪要，死刑复核提请监督案件可能缺少第一审裁判文书，民事提请抗诉案件可能缺少专家咨询意见书或专家论证会讨论记录等，这些都在相关案件类型的条文中予以明确规范，防止受理标准不明而材料不齐。另外，最高检严格个案受理审查，常态性开展个案监控日志记录和报告制度，更加注重对受案审查中出现问题的汇总、分析，将连续刊发《案件管理部门案件报送常见问题及注意事项选编》，以便指导各地规范报送案件。

（五）进一步明确了案件受理后的审查处理方式

为了保持与《人民检察院刑事诉讼规则》内容一致，通常受案人员在案件受理过程中应当审查本院管辖权、案件材料、涉案财物、报送期限、犯罪嫌疑人在案以及强制措施情况等，因此《规定》第三十六条针对这些问题分别作出详细的审查处理规定，分为符合受理条件的、不属于本院管辖的、案件材料不齐备、案卷装订不规范的、不予受理的案件等情形，特别强调了移送起诉时犯罪嫌疑人在逃的、超过法定羁押期限提请延长羁押期限的案件不予受理，从而便于案件受理人员操作，提高受理效率。如此一方面防止不予受理权的滥用，另一方面可以明确采用不予受理堵住司法不规范案件进入检察程序。同时强调，对于超期报送或者严重违反相关规定的，案件管理部门丰富流程监控手段，可以向送案单位或者部门发送纠正违法通知书或者流程监控通知书。

（六）进一步明确了适应捕诉一体办案机制改革的案件分配方式

在现行捕诉一体办案模式下，案件分配是一个重要而绕不开的环节，科学设置分案规则能够充分体现审查逮捕、审查起诉一体化的资源、效率和质量优势，从源头上减少"关系案""人情案"。《最高人民检察院案件承办确定工作管理办法》（以下简称《管理办法》）对捕诉一体办案模式下的案件分配工作具有指导作用，但是不能充分突出同一检察官办案组或者独任检察官办案的同一规则和互斥规则。2020年底刑法修正案（十一）发布后，修改或者新增的罪名牵涉各刑事检察部门的职能分工，急需予以明确划分。为此《规定》第三十七条至第四十九条采用总分的体例，全面吸纳了检察机关内设机构改革的优秀成果，对捕诉一体模式下的案件分配作出较大幅度的补充性规定，重点突出同一规则、互斥规则，需要说明的是当同一、互斥规则条文内容竞合时，以互斥规则优先分案。结合实际对侦查、监察机关互涉、一案数罪或数人共同犯罪、办案机关认定罪名不一致等情形明确了分案规则，特别明确了重大犯罪检察厅、未成年人检察厅和知识产权检察办公室的专业化分案规定，死刑复核检察案件交由重大犯罪检察厅办理，但是涉及未成年人的刑事案件除外。整个刑事案件分案的最优先级顺序依次为未成年人检察、重大犯罪检察、涉知识产权检察、其他刑事检察，其中对刑事检察部门管辖的刑法规定的罪名分工经征求各部门意见后以附件形式予以明确，如此有效解决了罪名管辖、专业分工、特殊管辖等情况的职责划分，防止推诿扯皮。同时，为了保证体例的完整性，对《管理办法》中有详细规定的指定分案、变更承办人、不在位登记，仅作概括性表述。

（七）进一步明确了定性罪名不一致的分案争议解决机制

实践中会出现最终向最高人民检察院报送、移送案件的单位在关键法律文书中认定罪名与最初侦查、调查机关或者下级检察机关、人民法院认定的罪名不一致的情形，这些案件报送最高检办理时相关办案部门存在管辖争议，尤其是核准追诉案件表现突出，为此，《规定》第四十条建立了争议解决机制，即以向最高人民检察院报送、移送案件的单位认定的罪名进行受理、分配，报送、移送单位认定罪名不明确的，应当要求其定性明确。

（八）进一步明确了案件分配后变更承办部门的程序方式

实践中已经出现了案件分配后承办部门发现罪名定性错误，要求退回案件管理部门再分配到其他办案部门办理的情况。考虑到时间紧迫，诸如案件罪名定性不准的问题需要阅卷予以确认，无法在受案的有限时间内完成，因此《规定》第五十一条明确了分案后发现罪名错误需要变更承办部门的机制，即原承办部门应当协商办理相应罪名的办案部门办理，协商一致的将案卷材料交由案件管理部门处理，无法协商一致的由原承办部门继续办理。

（九）进一步规范了案件退回、申请撤回等的流转方式

办案过程中，经阅卷审查后发现无须指定管辖或者相应客观事实发生变化无须办理的案件，往往存在报送、移送单位申请撤回或者办案部门要求退回的情况，以前在这些方面没有清晰的规范。为此，《规定》第五十二条规定了办案部门退回案件和报送、移送单位申请撤回的文书要求、操作程序以及职责分工等事项。依据《人民检察院刑事诉讼规则》，特别明确的是办案部门决定退回案件的

书面材料抄送案件管理部门，方便全流程全覆盖进行流程监控，案卷材料由办案部门寄回移送、报送单位，但是一审公诉案件经审查认为不属于本院管辖的，应当在发现之日起五日内经由案件管理部门移送有管辖权的人民检察院。如此一方面防止退回、申请撤回的滥用，另一方面可以明确实际中某些特殊情形确需退回、申请撤回案件的条件和程序适用。

（十）进一步明确了结案备案的程序规定

案件集中统一管理要求全程、同步、动态监控办案流程，案件的出口紧密对接下一诉讼环节的入口，受案中出现各种不规范问题，很大原因是忽视了把关案件的出口。为此，《规定》第五十三条明确了检察业务应用系统外办理案件的结案备案机制，以及依法应当由最高人民检察院管辖但根据实际工作需要指定下级人民检察院管辖的案件，以最高人民检察院名义向下级人民检察院交办的案件，相关部门收到办结报告或者文书后，应当在三个工作日内向案管办备案，从而防止案件管理部门不掌握交办案件信息，造成监管盲区。

检察机关案件信息公开若干问题研究

——兼论《人民检察院案件信息公开工作规定》修订

罗凯丽[*]

目　次

---

* 四川省自贡市人民检察院案件管理办公室检察官助理。

（一）"能公开都公开"理念

（二）安全原则

（三）规范原则

（四）便民原则

四、此次修订扩大公开范围的情况

（一）增加了法律文书公开种类，实现"四大检察"全
覆盖

（二）扩大案件程序性信息查询，为当事人提供更方便、
快捷的查询服务

（三）增加重要案件信息发布内容，发挥引领效果，服务
社会治理

（四）新增业务数据发布内容，引领检察工作创新发展

五、此次修订关于严格公开审核程序的情况

六、关于文书信息屏蔽问题

七、案件信息公开工作各部门职责分工问题

案件信息公开是检察机关推进司法公开的重要抓手，是深化检务公开的最关键步骤和最核心内容，也是促进司法公正和民主的重要途径。2014年最高检印发了《人民检察院案件信息公开工作规定（试行）》，经过数年的发展，该规定已不能适应新时代检察工作面临的新形势。为落实党对检察工作的新要求，满足人民群众的新期盼，2021年9月28日最高检印发了《人民检察院案件信息公开工作规定》，进一步深化检务公开，增强司法办案的透明度，规范司法办案行为，助推和引领检察工作高质量发展。本文从检察机关案件信息公开发展历程和公开的重要意义着手，分析案件信息公开工作的几个重点问题，以期对新时代各级检察机关贯彻落实案件信息公开工作制度有所启示。

一、 检察机关案件信息公开的发展历程

最高检历届党组高度重视检务公开工作，检务公开制度发展到今天已走过 21 个年头了，20 多年的检务公开实践使得检察机关根据自身特有的性质和职权探索出了一条具有中国特色的检察机关信息公开制度。检察机关信息的公开不仅限于对当事人和社会公开，也包括向人民监督员公开，向大众媒体和网络平台公开。① 自信息公开工作开展以来，最高检陆续发布了许多司法解释、内部规则等规范性文件，推动我国检务公开制度不断发展成熟，提升了人民群众的获得感和幸福感。从总体看，我国检务公开制度的发展历程主要可以分为以下四个阶段。

（一）半公开阶段：1998 年以前

从新中国成立初期到 20 世纪 80 年代，我国司法活动基本上处于半公开状态。这一阶段，由于多方面的原因，司法公开未能有效贯彻，在社会公众眼中，司法活动往往带着神秘的面纱。自 20 世纪 80 年代以来，随着我国经济社会的发展、公民权利意识的增强以及加入 WTO，人们对信息公开的要求愈来愈强烈。②

（二）探索起步阶段：1998 年 10 月至 2003 年 9 月

1998 年 10 月，最高检颁布《关于在全国检察机关实行"检务公开"的决定》，全国检察机关由此展开了检务公开工作，这标志着我国检务公开制度正式实施。1999 年 1 月最高检发布了《人民检察院"检务公开"具体实施办法》，对当事人的知情权作了规定，

---

① 廖伟：《我国检务公开制度研究》，重庆大学博士学位论文，2019 年。
② 廖伟：《我国检务公开制度研究》，重庆大学博士学位论文，2019 年。

使检务公开更加程序化、规范化。1999 年 4 月最高检发布了《关于建立检察工作情况通报制度的通知》，各省级检察院建立了新闻发言人制度，适时通报检察工作情况，大大增加了检察工作的透明度。2000 年 1 月，最高检发布了《检察改革三年实施意见》，明确提出要"进一步深化'检务公开'，不断拓宽'检务公开'的范围、方式和途径"。2001 年 3 月，最高检印发了《人民检察院办理不起诉案件公开审查规则（试行）》，要求对存在较大争议且在当地有较大社会影响的不起诉案件公开审查，允许公民旁听，邀请人大代表、政协委员等参加案件审查。① 这个阶段，检务公开的方式和内容相对单一，主要采取公告、报纸、广播、公民旁听、记者采访等方式。②

（三）发展完善阶段：2003 年 9 月至 2013 年 10 月

2003 年 9 月，最高检发布了《关于人民检察院直接受理侦查案件试行人民监督员制度的规定（试行）》，人民监督员制度的创立和完善，标志着检务公开从检察信息、工作制度公开向检察决策公开的进一步发展。2006 年 6 月，最高检颁布《关于进一步深化人民检察院"检务公开"的意见》，提出进一步深化检务公开的具体要求和措施，拓展了检务公开范围的渠道，完善了专门规定了信息通报制度及新闻发言人制度，强调充分发挥人民监督员作用，进一步增强检察机关决策的民主化、科学化。2007 年 10 月，全国检察官计算机化基本网络平台基本建成，③ 全国四级检察院互联网门户网站都已建成，检务公开信息化水平迈上了新台阶。2010 年 10 月，最高检发布了《最高人民检察院关于实行人民监督员制度的规定》，

---

① 高一飞：《检务公开基本原理》，中国检察出版社 2015 年版。
② 廖伟：《我国检务公开制度研究》，重庆大学博士学位论文，2019 年。
③ 高一飞：《检务公开基本原理》，中国检察出版社 2015 年版。

规范了人民监督员履职程序等，要求各级检察机关全面推行人民监督员制度。[1] 这一阶段的信息公开在公告、报纸、广播的方式基础上增加了电子显示台等电子媒介，新闻发布会等公开方式，扩展了公开方式，丰富了公开内容。

（四）全面推进阶段：2013 年 10 月至今

2013 年 10 月，最高检部署在全国 10 个省市开展部分检察院开展深化检务公开试点工作，推进从"选择性公开"向"应公开尽公开"，从"职能职责公开"向"案件信息公开为主"转变。2013 年 11 月，中共中央发布了《关于全面深化改革若干重大问题的决定》，进一步提出要"推进审判公开、检务公开"。[2] 2013 年 12 月，最高检出台了《2014—2018 年基层人民检察院建设规划》，确定了检务公开要向科学化、信息化、现代化发展的方向和目标。强调要深入推进基层人民检察院检务公开工作，细化执法办案公开流程，完善公开制度。2014 年 3 月，最高检时任领导提出"要深化司法公开，推进阳光检察，将阳光检察作为司法公开的一部分"。[3] 2014 年 9 月，最高检、司法部印发《关于人民监督员选任管理方式改革试点工作的意见》，确定了北京、吉林、浙江等 10 个试点，明确人民监督员的设置、管理等，人民监督员工作进入历史新时期。2014 年 10 月，最高检出台了《人民检察院案件信息公开规则（试行）》（以下简称 2014 年试行规定），将检务公开的重点转移到案件本身，对案件信息公开的主体、内容、保密措施、权利被侵害时的各种救济措施等做了规定，这不仅是我国检察机关信息公开的里程碑，也是我国司法公开的重大进步。2015 年 2 月，最高检出台了《关于全面推

---

① 高一飞：《检务公开基本原理》，中国检察出版社 2015 年版。
② 张步洪：《2014 年检察改革综述》，载《人民检察》2015 年第 4 期。
③ 高一飞：《检务公开基本原理》，中国检察出版社 2015 年版。

进检务公开工作的意见》，进一步明确了检务公开的具体内容，要求加强新媒体平台建设和法律文书释法说理工作，对检察院在当下新环境中开展信息公开工作的原则、方式、制度等方面提出了具体要求。2021 年 9 月，最高检印发了《人民检察院案件信息公开工作规定》。这一阶段公开的形式多元化，充分发挥微信、微博新媒体公众平台的优势，建立了门户网站、检务公开大厅，举办形式多样的检察开放日，构建了多方位、多视角、及时性、全覆盖、全流程的检务公开互动网络，这个时期的信息公开更加贴近人民群众，人民群众对检察工作看得见、摸得着、感受得到，进一步保障了人民的知情权、参与权、表达权、监督权，让公众零距离感受阳光检务。①

二、 案件信息公开的重要意义

"一切有权力的人都容易滥用权力，这是万古不变的经验。防止滥用权力的办法，就是以权力制约权力"。② 检察权作为法律赋予检察机关的一项专有权力，同样需要靠有效的监督来保证正常行使。作为法律监督者的检察机关如何实现执法监督制约机制的深化，让检察工作在人民群众的视野中进行，以公开促监督，以监督保公正，是备受关注的问题。只有让检察权得到科学、有效的制衡，才能保证法律统一实施。检察机关案件信息公开是打造"阳光检务"的必要途径，也是进一步深化"检务公开"的必然要求，对保障人民的知情权、参与权、监督权具有重要意义。

（一）满足辩护律师、当事人等信息查询需求，提高司法公信力

案件信息公开是人民群众了解检察机关工作的重要窗口，是律

---

① 高一飞：《检务公开基本原理》，中国检察出版社 2015 年版。
② ［法］孟德斯鸠：《论法的精神》，张雁深译，商务印书馆 1961 年版。

师、当事人及其家属、社会公众了解案情的重要来源。检察机关积极地推行案件信息公开，把各项检察职能放在阳光下运行，是体现执法为民办案理念，回应人民群众需求，顺应社会发展趋势，维护公民基本权利的必然要求，充分体现了检察机关文明执法理念。

（二）满足人民群众日益增长的司法信息需求，保障知情权，落实监督权

检察权源自人民，人民有权了解检察职能的运行。检察机关有责任、也有义务向人民群众公开其信息，使公众能够得知检察工作的进展情况。"当民意以一种更能有效体现民众的意愿和权益的方式参与司法中时，人们将会以一种更理智更善意的态度来看待司法"。① 随着社会经济的日益发展，公众的知情意识、表达意识、法治意识日益提升，对检察工作的关心程度越来越高，对检察机关执法的透明度要求越来越高。特别是社会影响力大的重大案件，检察机关公开相关案件信息，不仅满足了公民的参与权，也落实了公民的监督权。检察机关要不断深化检务公开、案件信息公开，将依法应当公开的信息都予以公开，才能不断满足人民群众的知情权、监督权等宪法赋予公民的基本权利。

（三）以公开促公正，让权力在阳光下运行，营造良好法治氛围

公开与公正二者相互依存、相互联系。只有通过公开的方式，才能达到公正的目的，缺少公开，人民群众就可能对检察机关执法的公正性产生怀疑。案件信息公开就是让检察工作在阳光下运行，

---

① 李群星：《民意与司法：互动与交融——以民意与司法的关系为视角》，法律出版社 2010 年版。

接受人民群众的监督，倒逼检察干警提高风险防范意识，敲响廉政警钟，防止权力寻租、暗箱操作等贪污腐败的现象发生，保证队伍的廉洁性，营造出风清气正的司法环境。同时，通过法律宣传的方式可以让人民群众知法懂法，培养法治理念，树立良好的法律意识。在网络快速发展的今天，公众的情绪和观念很容易受到负面网络舆论的影响。案件信息公开促进检察机关与媒体之间的沟通和与公民的交流，对一些重大的案件及时发布案情通报，公开案件信息，可以防止谣言的传播，引导舆论导向，营造良好的法治环境。

三、 案件信息公开工作的理念和原则问题

《人民检察院案件信息公开工作规定》（以下简称《公开规定》）第二条规定，"人民检察院公开案件信息，应当遵循依法、便民、及时、规范、安全的原则"。此次修订对案件信息公开应当遵循的原则没有做修改，但是，案件信息公开工作的理念和原则在当下有着更为深刻的内涵。

（一） "能公开都公开" 理念

就案件信息公开工作而言，此前我们一直强调"应公开尽公开"，除了涉密案件信息以外，一律要求面向社会公开发布。2014年试行规定的第十八条规定，"人民法院所作判决、裁定已生效的刑事案件起诉书、抗诉书，不起诉决定书等四类文书都应当在人民检察院案件信息公开系统上发布"。但是，全部公开也带来了新的问题。首先，从案件信息公开服务的三类对象来看：一是对于当事人，检察机关制作的法律文书依法是要送达给当事人的，这种公开对其是没有意义的；二是对于辩护律师、诉讼代理人，他们可以申请查询，公开的意义也不大；三是对于广大人民群众，他们对检察机关公开的法律文书关注不多，从普法、引领效果和促进社会治理

方面来讲，效果也不明显。有些公开的信息反而被个别网络媒体和个人以及敌对势力利用进行炒作，严重危害国家政权和社会大局稳定，同时还侵犯公民个人隐私，造成不良社会影响。其次，从公开法律文书的种类来看，公开法律文书涉及罪名最多的是危险驾驶罪、盗窃罪等，这些文书的公开意义不大。而社会关注度较高、社会影响较大的案件信息，却被埋没在海量的公开信息中。所以应当确立"能公开都公开"的理念。当下实践中应把握以下几点：一是只有《公开规定》明确提出可以公开的内容，才属于能够公开的范围。这里要注意，《公开规定》中提出的信息公开用的术语是"可以"，而不是"应当"，原试行规定用的是"应当"。应当，是强制性规定；可以，是选择性规定。二是《公开规定》只要规定不能公开，就不得公开。也就是说，有关信息公开的限制性、禁止性规定，要严格遵照《公开规定》。三是检验信息公开的根本标准，就是要看公开的效果如何。从个案上讲能公开，从检察机关来讲能公开，从社会上讲能公开，通过公开能够实现政治效果、法律效果、社会效果的统一。

（二）安全原则

这是需要重点强调的原则，充分体现了最高检领导关于案件信息公开工作的指导思想。自党的十八届四中全会提出要构建开放、动态、透明、便民的阳光司法机制，检察机关重视司法公开工作，不断增强司法透明度，同时注重信息安全。此次修订后的《公开规定》尤为强调"安全"原则，规定对涉及国家政治安全、社会秩序安全，包含国家秘密、商业秘密和检察工作秘密以及个人隐私的案件信息和法律文书，不得面向社会公开。

（三）规范原则

2014 年试行规定对信息公开的审核审批程序规定不够明确，隐名屏蔽等技术处理也只是一些原则性的规定，此次修订设置了严格的公开标准，详细规定了审核机制和审批程序，细化了屏蔽等技术处理的规定。目的就是进一步规范检察机关案件信息公开工作，确保"依法公开、依规公开、规范公开"工作理念深入人心。

（四）便民原则

此次修订以更好地满足人民群众需求为出发点，努力适应人民群众的实际需求，保证所有公众都可以低成本地获得相应的案件信息。详细规定了案件程序性信息查询的程序，保障查询主体的知情权。对律师在"12309 中国检察网"的网上注册方式也进行了说明，最大限度地为辩护律师提供便利。此外，新增了业务数据发布一章，对检察业务数据的发布范围和方式作出规定，主动将检察机关主要业务数据置于阳光之下，接受人民群众监督，充分保障人民群众监督权。这些都充分体现了检察机关坚持司法为民、便利人民群众的工作理念。

四、 此次修订扩大公开范围的情况

（一）增加了法律文书公开种类，实现"四大检察"全覆盖

法律文书是人民群众了解检察工作的重要方式，2014 年试行规定第十八条规定的法律文书公开种类仅包括刑事案件，不涉及民事、行政、公益诉讼案件。此次修订把增加法律文书公开种类作为重点内容。一是新增了五种当事人及其法定代理人、近亲属等可以申请查询的文书，《公开规定》第八条规定"人民检察院制作的下

列法律文书，可以向当事人及其法定代理人、近亲属、辩护人、诉讼代理人等提供查询：（一）未向社会公开的起诉书、抗诉书、不起诉决定书；（二）逮捕决定书、不予逮捕决定书；批准逮捕决定书、不批准逮捕决定书；（三）撤销案件决定书；（四）赔偿监督申请审查结果通知书、赔偿监督案件审查结果通知书。"这是依申请公开文书"从零到N"的突破。二是适度增加了文书种类，增加公开民事、行政、公益诉讼检察工作法律文书，如"民事、行政抗诉书、再审检察建议书、不支持监督申请决定书，公益诉讼起诉书"等，实现了"四大检察"文书种类的全覆盖。

（二）扩大案件程序性信息查询，为当事人提供更方便、快捷的查询服务

一是扩大了查询范围。因涉案财物的处理结果直接关系当事人和利害关系人的合法权益，也是其权利救济的前提和基础，此次修订新增了"查封、扣押、冻结涉案财物处理结果"作为查询内容。同时，新增了"法律文书公开情况"作为查询内容，查询主体可以同步查询检察机关作出的法律文书，从实体和程序两方面全面了解案件情况。二是扩大了查询主体。此次修订后，法律文书不仅可以申请查询，还将申请的主体扩展到非直接案件参与人，《公开规定》第八条明确规定"未向社会公开的起诉书、抗诉书、不起诉决定书"等十种法律文书可以向"当事人及其法定代理人、近亲属、辩护人、诉讼代理人等"提供查询，这也是重大进步。三是增加了公开办案组织相关信息。明确了办案组织的成员姓名、法律职务及办公电话等信息可以向案件当事人及其法定代理人、诉讼代理人、辩护人等特定主体进行公开，这有利于相关主体加强与承办检察官的沟通，了解相关案情，及时补充材料，促进释法说理等工作的开展。

（三）增加重要案件信息发布内容，发挥引领效果，服务社会治理

为适应新时代检察工作面对的新形势、新任务，这次修订就案件信息发布工作做了较大的调整，一是由原来的只发布刑事案件信息扩展到"四大检察"全覆盖，增加了发布范围。《公开规定》第十二条规定，"人民检察院可以根据工作实际，向社会发布关注度较高、影响较大的案件信息：（一）相关刑事案件的办理情况；（二）相关民事检察案件的办理情况；（三）相关行政检察案件的办理情况；（四）相关公益诉讼案件的办理情况"。这里需要强调的是，并不是说所有的"四大检察"案件相关的办理情况都必须对外发布，而是由各地根据工作实际和本地需要来具体把握，就"社会关注较高、影响较大的案件信息"，在履行相应的程序后，可以面向社会发布。二是对具有较好引领示范效果、促进社会治理的相关案件信息可以根据需求进行发布。《公开规定》第十三条规定，"对统一法律适用、普法具有重要意义的指导性案例和典型案例，案件公开听证情况"可以向社会发布。检察建议和案件公开听证情况首次被纳入公开范围，这对人民群众了解检察机关参与社会治理的主要方向提供了重要参考。

（四）新增业务数据发布内容，引领检察工作创新发展

最高检自 2020 年起坚持每季度发布检察机关主要业务数据，涵盖了"四大检察""十大业务"的主要业务数据、检察机关开展的重点工作数据等，但检察业务数据发布是没有制度规定的。此次修订在《公开规定》中专门增加了"业务数据发布"一章，对可以向社会发布的检察业务数据的范围和发布方式作出了明确规定。

五、 此次修订关于严格公开审核程序的情况

依据 2014 年试行规定，重要案件信息的发布程序是由办案部门拟制，经分管副检察长或者检察长批准后，由新闻宣传部门发布，没有新闻宣传部门的，由案件管理部门发布。法律文书的发布程序是在案件办结后或者收到人民法院生效判决、裁定后十日以内，案件承办人对法律文书做保密审查和技术处理，经部门负责人审核、分管副检察长或者检察长批准后，提交案管部门复核、发布。实践中，信息公开特别是法律文书公开工作在少数地方是由检察辅助人员或者书记员进行保密审查和技术处理的，大部分的信息公开审批都是形式审查，实际上就走了个流程，所有的审核工作都压在了案管部门的肩上。这次修订，规定了严格的审核机制和审批程序，也对不同信息的发布主体做了明确规定。就重要案件信息发布而言，是由案件办理部门负责拟制，经分管副检察长或者检察长批准后发布。对于重大、敏感案件以及上级人民检察院交办、督办的案件，发布前应当报上级人民检察院批准，对于在全国范围内有重大影响的案件，发布前应当层报最高人民检察院批准。就业务数据的发布而言，是由负责案件管理的部门拟制，负责新闻宣传的部门审核，经分管副检察长审批后发布。此外，各级院还应当建立健全检察业务数据发布审查和风险评估机制，对发布数据进行严格审慎的分析，对发布可能损害国家利益、公共利益或者引发负面舆情的，不得公开。如果对外发布的数据涉及尚未公开的数据，应当由相关部门会同新闻宣传部门共同研究决定，并履行相应的审批程序。就法律文书的发布而言，由承办检察官依据保密审查和技术处理规范负责拟制，交部门负责人审批后，经分管副检察长或者检察长批准，最后交专人审核后，提交案件管理部门复核、发布。

六、 关于文书信息屏蔽问题

2014 年试行规定对隐名的规定是对于一部分身份人员，如刑事案件被害人、法定代理人，被不起诉人，判处三年有期徒刑以下刑罚或者免予刑事处罚且不属于惯犯或者累犯的被告人必须作隐名处理。此次修订删除了对被告人隐名处理的规定，不管是判处三年以上还是三年以下，只要符合文书公开的条件，都不作隐名处理了，同时也在《公开规定》中对隐名的规则进行了细化规定，突出强调对公民个人信息的保护，对与公众了解案情无关的自然人信息，如"家庭住址、通讯方式"等都应当屏蔽，还增加了"企业当事人代码、名称、自然人身份证号码、社交账号、车牌号"等屏蔽内容，这都是重大的修改，对企业、公民个人信息保护问题尤为重视。

七、 案件信息公开工作各部门职责分工问题

2014 年试行规定对检察机关内部关于信息公开工作也做了分工，但是根据近些年的实践来看，各部门分工不是很明确，对于政治和舆情风险的审核做得也不到位。此次修订，内部细则中对各业务部门、案件管理部门和新闻宣传部门在信息公开工作中的分工做了明确规定，确保信息公开环环相扣，规范安全地对外公开。对于重要案件信息发布，是由案件办理部门负责拟制，新闻宣传部门负责发布。对于检察业务数据发布，是由负责案件管理的部门拟制，由新闻宣传部门发布。对于法律文书公开，是由案件承办检察官拟制，负责案件管理的部门发布。案件信息公开是检察机关接受人民群众监督、提高司法公信力的重要途径，这项工作并不是案管部门一家的事情，检察机关内部各部门要根据此次修订后的规则，分工负责、通力合作，共同做好案件信息公开工作。

监管实务

JIANGUAN SHIWU

浅谈基层院检察业务考评体系构建

樊丽利　张　强[*]

目　次

---

　*　樊丽利，河南省商丘市人民检察院案件管理办公室主任；张强，河南省商丘市人民检察院案件管理办公室检察官助理。

基层院检察业务考评是上级院抓基层、打基础的重要抓手，也是提高执法水平的重要手段，对推动检察业务工作的创新发展发挥了积极作用。[1] 2014 年，最高检《关于进一步改进检察业务考评工作的意见》中明确检察业务考评原则上采取逐级考评模式，由上级检察院统一组织实施，案件管理部门具体负责，其他部门协助做好相关工作，检察业务考评结果由上级检察院统一通报。如何构建一套科学、完整、统一的基层院检察业务考评体系，成为市级院面临的现实难题。由此，笔者结合近年来本地基层院检察业务考评工作实践，对基层院检察业务考评体系构建进行初步探索。

一、 构建基层院检察业务考评体系的现实需要

（一）顺应改革形势的需要

检察机关考核考评制度是针对阶段性的检察工作要求实施的检察管理制度，其目标、标准、指标等考核考评内容会因不同时期党和国家政策、检察工作的具体要求以及检察工作的环境、物质资源、人力资源等条件的变化而有所变化，动态性是检察机关考核考评制度的基本特征。[2] 随着司法体制改革逐步深入，检察工作的职责、任务发生了重大调整，标准、要求发生了重大变化，刑事、民事、行政检察和公益诉讼"四轮驱动"的检察工作新格局初步形成，双赢多赢共赢的法律监督新理念初步确立。检察工作的变化调整，迫切需要在基层院检察业务考评工作中给予充分体现，以更好地适应新形势新任务新要求。

---

[1] 温忠雯：《检察机关案件管理部门业务考评探析》，载《中国检察官》2015 年第 6 期。

[2] 乔汉荣：《检察机关考核考评制度的基本原理》，载《人民检察》2012 年第 15 期。

（二）推动高质量发展的需要

考评能充分调动各方面的工作积极性，有利于贯彻落实高检院的工作部署和要求，实现检察工作力度、质量、效率和效果的有机统一，促进检察工作全面发展。① 当前，基层院检察业务考评已成为上级院抓基层、打基础的重要抓手。从如何以检察业务考评工作引领基层院高质量发展的角度出发，需要对基层院检察业务考评工作进行加强和改进，切实通过考评"风向标""指挥棒"树立正确导向，引导基层院检察业务建设以高质量为生命线，不断提升层次和品质。

（三）树立正确政绩观的需要

检察工作高质量发展是一个长期工程、系统工程，既需要具体的措施来推动，也需要正确的政绩观作保障。政绩观虽不是因考评而产生，但可以通过考评加以引导。加强和改进基层院检察业务考评工作，通过科学设置考评项目指标和采取合理的计分方法，构建评价基层院检察业务工作质量、数量、效率、效果等相统筹的科学考评体系，对于引导基层院凝聚高质量发展共识、树立正确政绩观有着重要意义。

（四）优化考评工作的需要

检察业务考评对驱动检察机关职能发挥、实现检察机关价值有重要作用。② 近年来，对基层院进行检察业务考评，确实起到了树立导向、激发干劲的作用，但随着形势发展，还存在一些有待完善

① 吴春莲：《检察机关考评制度之科学建构》，载《人民检察》2012 年第 23 期。
② 宋鹏举：《司法改革视野下检察业务考评机制改革新思考》，载《法学杂志》2020 年第 3 期。

的地方。主要体现在：在考评方案设计上，还存在考评导向不明确、考评操作太复杂等问题，不能准确评价基层院工作；在考评内容设置上，存在考评内容不全面、重点不突出等现象，不利于引导基层院各项检察业务工作全面发展；在考评指标设计上，没有充分体现"四大检察"全面协调充分发展的要求，未能兼顾各检察业务工作之间的差异；在考评结果运用上，存在重考轻评和对考评结果运用不充分的问题。

二、 构建基层院检察业务考评体系应把握的原则

（一）遵循检察工作规律

充分认清检察业务工作的司法属性、部门之间相互制约的特殊性、执法办案活动的复杂性以及地区因素的差异性，综合运用多种手段和方式，正确处理考评中的矛盾和冲突。构建基层院检察业务考评体系，要遵循司法原理、检察权运行规律、检察业务工作管理规律和人力资源管理规律，考评项目、考评标准、考评指标要是具体可衡量的、可操作的，能够为执行者所理解的、有意义的，符合基层院检察业务工作实际的。

（二）突出考评质效导向

检察业务考评是基层院整体检察业务工作的全面反映，要尽量科学合理，否则"指挥棒"就容易跑偏。构建基层院检察业务考评体系时，对可量化的工作设置达标值，对不能量化的工作设置达标标准，达标即得分，超额不额外加分，而不达标不得分。达标即得分，超额不额外加分，可使基层院失去数据"注水"的动力，避免院际之间的不良竞争；不达标不得分且不得设置脱离实际的指标，则可保证各项检察业务工作在数量规模上符合司法规律和工作规

律。同时，在办案数和工作量保持必要规模的基础上，对真正体现质量效率效果的项目进行加分，对存在问题、影响质效的项目进行扣分，对严重问题事项单项或整体工作一票否决。

（三）注重考评简便易行

对基层院进行检察业务考评，目的是推动工作，决不能为考评而考评，更不能在基层院原本已经较大的工作量上因考评增加过多成为负担。构建基层院检察业务考评体系需注意以下方面：在考评内容设置上，要注重系统性、统一性，避免交叉重复、相互矛盾；在分值设置上，要力求科学合理，力戒复杂烦琐；在考评组织上，上级院统一组织，各业务部门不再自行组织考评；在程序方法上，根据实际合理增减程序，可采取年终考评与平时考评相结合等方式统筹进行，把督察、评查、考核等工作与考评有机结合，杜绝搞突击、增负担。通过多种措施，力争考评工作简化、优化，切实做到不折腾、求实效。

三、 构建基层院检察业务考评体系的有益探索

近年来，本地基层院业务考评以"达标保底、质效突破"为原则，落实"挤水分、重规范、强纪律"要求，按照"客观、简便、优化、管用"的思路，初步构建了以"以量达标、以质定性、正向激励、负向评价"为核心的"四位一体"考评体系，有力推动本地基层院各项检察业务工作"质""量"齐升。

（一）以理念革新为引领，"以量达标"挤水分

"以量达标"重在体现常态化履职情况，目的是切实纠正盲目追求办案数量的错误倾向，通过考评引导基层院树立正确政绩观，集中精力完成科学评估的工作量，坚决杜绝为考评而注水拔高。一

是优化业务考评项目。在确定量化达标项目时，从众多的检察业务中选取重要的、具有导向性和引领性的工作作为考评项目。对原来的考评项目进行精简瘦身，选取"四大检察""十大业务"核心业务工作、服务大局工作和上级院重点工作等 10 大项 37 小项进行量化。总体上，"四大检察"工作考评分值占总分值的 57.3%；服务大局工作占 17.1%；上级院重点工作占 22.6%。二是科学设定达标标准。在设定考评标准量时，充分考虑大多数基层院的实现能力，既避免"空中摘月"，又防止"囊中取物"，让标准量像树上的桃子，跳一跳就能摘得着，力求考评标准准确、合理和可操作。对于纳入考评的各项工作，先由案管部门根据近三年的统计数据，测算出全市工作量的均值，再交由业务部门去除可能存在的"水分"，最终确定符合司法规律和工作规律的标准。比如，刑事抗诉改判比值，通过对比近三年数据，并去除可能存在"水分"，确定该比值以 0.2% 为达标，但是考虑认罪认罚对刑事抗诉工作可能存在的影响，又在达标标准中规定"如果认罪认罚适用率达到 90% 以上的，抗诉改判比值以 0.1% 为达标"。三是有效防止数据造假。在考评中明确规定，对量化项目达标，该项即计满分，超标不加分，使基层院失去"注水"动力，有效避免各院之间的恶性数字竞争，也促使基层院把工作重点从办案数量转移到质量和效果上去。

（二）以提质增效为核心，"以质定性"求极致

"以质定性"重在体现履职质效情况，对在数量上已经达标的工作，着重考查、核实质量上是否能够达标，切实把"水分"挤掉。一是明确质量评价方式。严格落实最高检《检察机关案件质量主要评价指标》规定，明确设置羁押必要性审查提出建议采纳率、认罪认罚适用率、确定刑量刑建议采纳率等达标项目。同时，又立足实际，设置一些具有本地检察工作特色的质量评价方式。比如，

监督立案工作，不仅仅考评监督侦查机关立案的数量，还要考评侦查机关立案后，法院最终作有罪判决的情况；在计算"监督立案率"时，并不是单纯的用监督侦查机关立案数与同期立案监督案件受理数相比，而是用监督立案后有罪判决人数与同期审查逮捕案件受理人数相比，确定达标比率，强调了监督立案的质量。二是结合案件质量评查。将案件质量常规评查得分计入考评总得分。同时，对可能出现"水分"的案件类型，如"两项监督"案件，不定期组织重点评查、专项评查，评查中一旦发现弄虚作假的，取消该项业务的全部考评得分。三是每月通报主要业务考评数据。年底突击办案是注水、造假的变相形式，也是重办案数量轻质量的现实反映。针对这一问题，每月通报各基层院主要业务考评数据，实现考评数据公开、公正、透明，有效杜绝基层院年底突击办案。

（三）以打造精品为导向，"正向激励"激活力

"正向激励"重在体现对突出业绩的表彰激励，就是对能够体现办案质量效果、反映检察工作亮点的项目，根据办案效果、创新推动工作的影响，在考评得分上做"加法"，以起到标杆和榜样的引领作用，努力实现"四有一少"发展目标（即有特色有品牌、有实效有口碑、有专家有模范、有正气有激情，队伍少出事）。一是突出服务大局。对能够体现推进国家治理体系和治理能力现代化的项目进行加分。比如，通过各业务条线办理案件，发现了执行政策、法律、制度等社会治理方面的问题，提出解决问题的途径方法，助推相关单位完善自身工作体系、建立规范性工作机制、出台规范性文件，并且得到党委政府认可采纳的，给予加分。对办理的民营企业家涉嫌犯罪案件，主动开展羁押必要性审查的，给予加分。二是突出主责主业。聚焦司法办案主业，对能够体现办案效果的项目进行加分。比如，办理行政裁判结果监督或实质性化解行政

争议案件，全部实现案结事了的；通过办理行政执行监督案件，促进类案办理或解决领域性问题的，均给予加分。三是突出打造精品。各业务条线办理的案件被上级院评为精品案件、以书面形式转发认可的，被评为指导性案例、典型案例的，给予加分。在业务工作中主动探索创新，取得突出成效，在全国、全省检察机关相关会议上作经验介绍，相关做法被上级院转发推广的，给予加分。

（四）以督促整改为目的，"负向评价"促提升

"负向评价"重在体现对不当履职情况的惩戒鞭策，就是把低效履职、不当履职、怠于履职等情形设置为扣分项目，根据对检察工作的实际影响不同，在考评得分上做"减法"或一票否决。一是对案件办理质量不高的扣分。根据《检察机关案件质量主要评价指标》和上级院考评指导意见，梳理出案件质量方面应当扣分的 8 个项目。比如，对确系起诉错误，导致判处无罪、撤回起诉的案件，监督立案、纠正漏捕后撤案、不起诉、判无罪的案件，纠正漏诉后撤回起诉、判无罪的案件，按件扣分。二是对影响业务数据质量的扣分。统一业务应用系统中，案卡信息项目填录不符合要求、不符合办案工作实际的，出现不及时填录、错填、漏填、随意修改案卡信息等不规范填录行为的，结合不规范填录行为，计算出差错率，按百分比扣分；对承办人不及时修正案卡审核中发现的问题，造成统计数据出现差错的，按次数扣分。三是对检察工作产生负面影响的扣分。对当事人反映基层检察院显属应当履职而不履职的，经调查核实无误，所涉及的达标项目不得分；因案件处理不当、对外宣传不当等原因，引起当事人涉检上访、造成涉检舆情或其他不良社会影响等负面评价的，按件扣分。四是对业务数据造假、怠于履职的严厉惩戒。考评细则中，所有达标项目，一经发现造假，该项不得分。对业务工作有"水分"、工作弄虚作假、出现冤假错案、干

警严重违纪违法、发生重大负面舆情等突出问题的，取消该基层院评先资格。

综上，由于检察机关的特殊性和检察工作的复杂性，建立符合基层院检察业务工作发展规律的考评体系是一项系统的、长期的、严密的工程。需要紧密结合当地基层院实际情况，在坚持科学、规范、严格的业务考评的基础上，在考评实践中不断总结、调整、完善基层院检察业务考评体系，真正发挥业务考评的"风向标""指挥棒"作用，有力推动基层院检察队伍和业务工作的全面提高。

大数据思维在检察业务数据分析中的应用

唐智峰[*]

---

[*] 广西壮族自治区南宁市人民检察院案件管理办公室检察官。

（一）相关分析发现危险驾驶犯罪数量与本地城镇居民人均可支配收入和油料产量正向相关

（二）多元线性回归解决检察官办案量差异难题

2015年，国务院发布《促进大数据发展行动纲要》，标志着大数据正式成为国家战略。习近平总书记多次对数字中国和大数据战略做出重要指示。检察机关积极响应国家大数据战略，以科技强检为理念，以智慧检务为抓手，持续统筹推进检察大数据和智慧检务协同发展，取得了一定成绩。近年来，随着检察机关对大数据战略认识不断深化，大数据与检察业务的深度融合，大数据对检察机关履职质效提升作用越发重要，已然成为助推检察工作高质量发展的新驱动。2021年全国检察长会议上，张军检察长提出以"检察大数据战略"赋能新时代法律监督的全新要求。身处大数据时代的检察干警，如果不了解大数据特征、不掌握大数据思维和大数据分析的基本方法，就无法运用检察业务数据服务工作和决策、改进和提升检察机关法律监督能力，更难以在服务保障经济社会高质量发展和推进国家治理体系和治理能力现代化中做出应有贡献。

一、 大数据思维的含义及类型

（一）大数据的定义和特征

关于什么是大数据，以2008年谷歌在《自然》发表"Big Date"专辑并举行主题研讨为起点，开启了人们对其不断地探索。有从"处理难"的角度来定义，比如维基百科将大数据定义为，难以用传统数据处理应用软件处理的大而复杂的数据集。麦肯锡对大数据的定义是，一种规模大到远超传统数据软件工具处理能力范围的数据集。[①] 以上经典定义从数据处理技术层面，描述了传统数据软件在面对大数据处理时的无力感，却并未揭示大数据含义的全貌。有从"复杂度"进行定义的，如罗伯特·福莱认为，大数据因数量巨大，难以查询且因相关性关系复杂难以确定。[②] 有从"广狭义"角度进行定义的，认为狭义大数据是指数据的结构形式和规模；广义大数据在数据结构形式和规模之外，加上了数据的处理技术、数据关系价值等。[③] 还有从"价值大"进行定义的，认为大数据除了体量大、技术专业性强外，还应当是能"获得更多有价值的数据集合"。[④]

综上所述，本文认为，大数据的定义应当包含大数据在体量、结构、技术、价值等方面的内容，是一种体量巨大、结构复杂，需运用特有思维和专门技术进行价值挖掘的数据集。

大数据的主要特征有数据体量巨大（Volume）、数据类型繁多（Variety）、价值密度低（Value）、处理速度快（Velocity）。其中，数据体量巨大是指数据存储单位从 GB 到 TB、PB、EB 直线上升。数据类型繁多主要是指数据除了结构化数据、还包括非结构化数据、半结构化数据，难以用传统数据技术收集和处理。价值密度低是指原始数据使用价值不大，需要通过采集、加工之后才有较高的使用性。处理速度快是指采集、清洗、挖掘等速度快，能满足实时数据分析的需求。

[①] 安俊秀、靳宇倡：《大数据导论》，人民邮电出版社 2020 年版，第 5 页。
[②] 刁生富：《重估：大数据与人的生存》，电子工业出版社 2018 年版，第 115 页。
[③] 宋文婷：《科学哲学视域下的大数据问题研究》，山西大学博士学位论文，2021 年。
[④] 周晶：《大数据思维在大学生思想政治教育中的应用研究》，湖南科技大学硕士学位论文，2020 年。

（二）大数据思维的含义

简言之，思维就是主观"对客观事物之间联系的反映"。[1]《大数据时代》指出，大数据思维是"一种意识，认为公开的数据一旦处理得当就能为千百万人急需解决的问题提供答案"。[2] 关于什么是大数据思维，当前主要有以下几种观点：其一，态度方法论，认为大数据包含了思维态度和思维方式两层意思，即人们对大数据的认知态度和作为思维方式的认知方法论。[3] 也有研究者定义时，在态度和方法上再加上大数据思维的特征。[4] 其二，广义狭义论，从应用大数据解决问题范围来区分，认为广义大数据思维，是指应用大数据去解决一般性社会发展问题的意识；狭义大数据思维，则主要是应用大数据辅助政府决策，改善政府管理质效等。[5] 其三，技术决定论，认为大数据思维是"受互联网思维以及互联网技术的影响"，处理大数据的新思维方式。[6] 其四，思维特征论，认为大数据思维是一种总体、容错、相关、智能的思维方式。[7]

以上关于大数据思维的观点，分别从主体、客体、工具、特征等层面，对什么是大数据思维进行了定义。综合起来，可以认为所

---

[1] 邓铸：《思维的本质与定义新论》，载《徐州师范大学学报（哲学社会科学版）》2010 年第 4 期。

[2] ［英］维克托·迈尔-舍恩伯格、肯尼思·库克耶：《大数据时代：生活、工作与思维的大变革》，盛杨燕、周涛译，浙江人民出版社 2013 年版。

[3] 张弛：《大数据思维范畴探究》，载《华中科技大学学报（社会科学版）》2015 年第 2 期。

[4] 周晶：《大数据思维在大学生思想政治教育中的应用研究》，湖南科技大学硕士学位论文，2020 年。

[5] 王露霏：《大数据思维中的地方政府治理转型研究》，浙江师范大学硕士学位论文，2020 年。

[6] 郎艳华：《大数据思维对图书馆信息服务工作的启示》，载《科技展望》2016 年第 31 期。

[7] 杨和稳：《大数据分析及应用实践》，高等教育出版社 2016 年版，第 7-8 页。

谓大数据思维，就是人们对大数据反映客观事物之间联系的特性加以应用，以解决现实问题的思考方式。

（三）大数据思维的类型

基于大数据反映事物关系的特性，有研究者集中将大数据思维归结为整体性、相关性、预测性，并由此衍生出三种主要的大数据思维：整体思维、相关思维和预测思维。① 基于大数据处理技术的复杂性和对人工智能的依赖性，大数据思维应当还有包含智能思维。

1. 整体性及整体思维

大数据的整体性是指全量数据具有更好反映事物总体特征的特性。大数据的整体思维，则是指通过全部数据而非部分数据对问题进行分析研究的一种思考方式，它能揭露部分数据、个体数据孤立分析时所无法反映的事物整体性特征。与整体思维相对的是从部分到整体的传统数据思维，它通过部分抽样数据的数理统计来推论总体，或者通过"分割—还原理论"将整体分割成部分深入分析后再整合还原以掌握整体。② 大数据时代，人类已经具备快速获取某一领域整体数据能力，再用随机抽样方式已极不经济。此外，事物整体并非部分简单相加，分割还原分析方式显然不及直接对总体数据进行分析。当然，传统数据思维在因果关系分析上的精确性，是大数据思维所不具备的。在海量数据之中，大数据分析为了追求宏观认知，需要忽略微观的精确。③ 大数据整体思维应用的典型例子是

① 刁生富、刁宏宇等：《重估：大数据与治理创新》，电子工业出版社2018年版，第88-91页。

② 刁生富、刁宏宇等：《重估：大数据与人的生存》，电子工业出版社2018年版，第117页。

③ 宋文婷：《科学哲学视域下的大数据问题研究》，山西大学博士学位论文，2021年。

谷歌的流感趋势预测。谷歌通过对用户几十亿健康类关键词搜索请求进行大数据分析，当美国各地对温度计、肌肉疼痛、胸闷等流感症状关键词搜索频次明显增多时，系统就会跟踪分析并生成地区流感地图，据此谷歌成功预测了 2009 年美国冬季流感暴发及具体地区，准确率高达 97%，而美国卫生部门流感预警几周后才发布。

2. 相关性及相关思维

大数据的相关性是指全量数据具有更好揭露事物之间普遍性相关关系的特性。大数据的相关思维，则是指通过全量数据发现事物之间存在一定依存关系的思考方式，这种依存关系是不确定、非因果的。[①] 传统数据思维中善用因果分析，重在探寻事物之间的必然联系，即某一现象出现必然由另一现象所导致的确定性关联。因果思维基于有效样本剖析事物内在机理，尽管能精确分析现象之间必然依存之联系，却通常难以发现事物间普遍性联系的特性。相关思维在商业上有许多成功案例，比如沃尔玛公司通过飓风预警容易导致当地草莓酱馅饼需求急速增长的大数据相关性分析，提前布局获利丰厚。但对为什么飓风预警会导致草莓酱馅饼需求速增，却没有给出合理解释。

3. 预测性及预测思维

大数据的预测性是全量数据在反映事物普遍特征规律更加准确，具有更好预测未来的特性。大数据的预测思维，则是指利用不同变量之间共变、依存等关系及其强度情况量化，推测事物发展变化的一种分析方法。与传统数据预测相比，大数据能以整体方式展现出部分、个体数据单独存在时所不具有的特征。[②] 这也是契合认识论的相对性原理，当人类掌握客观世界的信息越多，就越能在主

---

① 刘桂荣：《统计学原理》（第二版），电子工业出版社 2019 年版，第 225 页。

② 周世佳：《大数据思维探析》，山西大学硕士学位论文，2015 年。

观认识上无限接近客观世界的态势和发展变化规律，从而做出更加客观的预测。美国洛杉矶警局曾对 80 年来约 1300 万起犯罪案件数据建立犯罪预测模型，对该市犯罪多发生地进行分析。2011 年 11 月至 2012 年 2 月，洛杉矶警局将预测成果在富特希尔区进行验证，根据犯罪预测情况对犯罪高发地预先加派警力巡防，同期该地犯罪率下降了 36%。

4. 智能性及智能思维

大数据的智能性是指大数据处理工作量大、复杂程度高，具有依赖人工智能技术的特性。大数据的智能思维则是指，在对大数据进行开发利用时，要善于利用人工智能技术提升工作效率的一种思考模式。与传统数据处理技术相比，大数据因其体量巨大、类型繁多、价值密度低等特性，无论是数据的存储、清洗、挖掘，还是分析应用等，单凭 Excel 或是 Access 数据库等传统软件，已经难以应付，需要专门的技术手段进行处理，特别是能模拟人脑的数据分析能力。比如 2021 年"双十一"期间，阿里云自主研发的数据库网上订单处理峰值达到 20 万笔每秒，这是单靠人力肯定是难以完成的。

总体来看，大数据思维尽管与传统数据思维有很大的不同，但其依然遵循数据统计分析的基础理论，依然需要运用传统数据分析技术和指标。一是因为在相对和绝对辩证关系视角下，大数据有其相对性，大数据只是在特定时刻和特定条件下的"大"数据，而绝非数据的全部。二是大数据思维在本质上仍然是人类对数据的认识和利用，尽管其思维方式与传统数据思维方式截然不同，但依然遵循"经典科学中的统计规律"。[1] 大数据的统计分析并非颠覆经典统

---

① 董春雨、薛永红：《从经验归纳到数据归纳：特征、机制与意义》，载《自然辩证法研究》2016 年第 5 期。

计规律，而是对其的一种升华，是统计分析理论发展中呈现出的否定之否定的螺旋式上升。三是尽管大数据思维在提升人类认识客观世界能力上有诸多优势，但自身也存在相对性、伪相对性错误和精确性不够等问题，需要与传统数据思维互补。

二、 在检察业务数据分析中应用大数据思维的重要意义

（一）是新时代检察业务数据分析的必备素能

2017 年 12 月 8 日，中央政治局就实施国家大数据战略进行第二次集体学习，习近平总书记对各级领导干部学习应用大数据提出了具体要求："善于获取数据、分析数据、运用数据，是领导干部做好工作的基本功。各级领导干部要加强学习，懂得大数据，用好大数据，增强利用数据推进各项工作的本领，不断提高对大数据发展规律的把握能力，使大数据在各项工作中发挥更大作用。"大数据时代，大数据思维必然深刻影响检察工作，其不仅仅带来检察工作思考方法上的改变，更将带来检察履职理念和方式的转变。在检察业务数据分析利用中，如果不具备大数据思维，就难以利用检察业务数据更好服务领导决策，辅助办案部门针对问题改进和推动工作，更难以在爆发式的信息流中高效发现问题、解决问题，更好满足人民群众日益增长的信息化司法需求。

（二）是检察机关业务信息化发展的必然要求

检察机关信息化沿着"信息检务—网络检务—电子检务—智慧检务"的道路推进。2014 年，全国检察业务应用系统 1.0 为主的软件全面部署，标志着检察机关信息化建设进入高速发展新阶段。当时有的业务应用系统有 100 多个业务流程、7000 多个案卡项目，每天能生成 400 多万个数据。随着检察业务发展需要，案件量的增长，

全国检察业务应用系统从 1.0 版到今天的 2.0 版，业务应用系统中每天产生的数据早已经超过了千万级。依靠传统数据思维、分析方式和技术手段，显然已经难以应对海量的业务信息处理，更难对检察业务大数据中蕴藏的价值进行充分挖掘。比如，要对业务应用系统中 3 年以来"城乡接合部发生的盗窃案"这一类非结构化数据进行采集、整理后分析，单靠传统取样或靠人工大范围采集，显然是难以满足高质效工作要求。

（三）是新时代提升法律监督能力的内生动力

张军检察长指出，要以"数字革命"赋能新时代法律监督。要充分掌握大数据，专业、科学运用大数据，从海量的执法司法活动中发现"违法犯罪的线索、规律，相关领域的治理漏洞和薄弱环节"，从异常数据背后发现"执法司法不公不严不廉等问题"。

2021 年 12 月，最高人民检察院召开党组会专题研究深化落实国家大数据战略问题，就落实好习近平总书记"敢于监督、善于监督、勇于开展自我监督"重要指示精神，充分用好用足大数据，提出"要有大数据思维"，"要用大数据提升检察工作质效"，"要向大数据要战斗力和'内生动力'"，"要把科学管理融入大数据运用中，把大数据转化为生产力"等要求。

信息化时代，数据相关性分析、数据画像技术、非结构化数据处理、数据透视、非线性回归等大数据分析技术已经广泛应用在商业领域，并产生了巨大的反响，数据已然成为现代经济必不可少的生产要素。同样，大数据思维及其技术与检察机关法律监督业务场景相融合后，同样将激发检察业务数据强大活力，为新时代法律监督工作产出不可估量的强大赋能。

（四）是提升国家治理能力现代化的重要助力

习近平总书记指出："要运用大数据提升国家治理现代化水平。要建立健全大数据辅助科学决策和社会治理的机制，推进政府管理和社会治理模式创新，实现政府决策科学化、社会治理精准化、公共服务高效化。"

在信息量庞大的司法案件中，往往隐藏着苗头性、倾向性的问题以及深层次的矛盾，需要利用大数据的思维和技术手段，及时、充分地将其挖掘出来，实现从个案治理到类案治理的飞跃。通过检察业务大数据专题分析、社会治理类检察建议、法律监督年度报告等方式，促进防患未然、抓源治本，助力更高水平的平安中国建设。

借助信息共享，能通过对检察业务数据与其他社会数据碰撞、关联等价值挖掘发现监督线索，评估检察履职成效对经济社会高质量发展的作用，更好发现新时代检察机关履职短板弱项和新的服务保障民生社会需求。

三、 在检察业务数据分析中应用大数据思维的基本方法

大数据思维实质上是一种对高度关联数据分析获取知识和价值的一种洞察能力，基于整体性、相关性、预测性、智能性等特性，其应用的基本方法为：利用全体数据而非随机样本来分析问题；关注相关关系解决问题而非探寻复杂因果关系；重分析趋势预测而非追求细节精准；[1] 借助人工智能技术手段提升效率而非靠人力处理。

---

① 国家信息中心：《信息化领域前沿热点技术通俗读本》，人民出版社 2020 年版。

（一）整体思维的应用方法

整体思维的应用，主要是从整体上掌握大数据的基本特征，有总量分析、聚合分析、离散分析、交叉分析等方法。

总量分析是用绝对数形式反映全部数据总规模或总体者水平的一种方法，主要通过总量指标来表示。[①] 比如 2020 年，最高人民检察院在工作报告中对 1999 年至 2019 年 20 年间犯罪进行了总量分析："1999 年至 2019 年，检察机关起诉严重暴力犯罪从 16.2 万人降至 6 万人，年均下降 4.8%；被判处三年有期徒刑以上刑罚的占比从 45.4% 降至 21.3%"，得出严重暴力犯罪及重刑率总体下降，反映社会治安形势持续好转的结论。

聚合分析是用来反映数据向其中心值聚集的程度，主要通过平均值、众数、中位数等指标来反映总体数据一般水平。平均值是全部数据的平均值，中位数是位于整体数据中间位置的数值、众数是所有数据中出现频次最多的数值。最高人民法院 2019 年发布的《司法大数据专题报告之网络犯罪特点和趋势》（以下简称《网络犯罪特点和趋势》）中，就大量运用了平均值、众数等聚合分析法："2016 年至 2018 年网络犯罪案件已结 4.8 万余件……平均每件网络犯罪案件涉及 2.73 名被告……四分之三的网络犯罪案件被告人年龄在 20 至 40 周岁之间，年龄为 28 周岁的被告人最多。"

离散分析是用来反映数据远离中心值的程度，常用分析指标有全距（范围）、方差与标准差。全距是用同质数据中的最大值减去最小值得出的数值。方差是各数据与均值偏差的平方和的均值，标准差则是方差的平方根。最高法在《网络犯罪特点和趋势》中，就曾对各地利用网络手段实施犯罪情况案件数量偏离全国均值情况进

---

① 刘桂荣：《统计学原理》（第二版），电子工业出版社 2019 年版，第 86 页。

行过离散分析："福建、浙江、山西等十地利用网络手段实施犯罪的案件占比超过全国平均水平。"

交叉分析是用来了解多组数据在不同取值情况下分布情形的，通过对数据多角度分类后纵横组合，综合运用总量、聚合、离散等分析方式，描述不同分组数据之间的构成情况和分布特征。在 Excel 表格中，交叉分析可以用透视表来实现。大数据类型繁杂，利用交叉分析可以对大数据进行多维度数据碰撞，深入挖掘数据价值。绍兴市检察院通过本地民事裁判文书信息大数据分析发现，2016 年至 2017 年间，柳某以原告身份提起的借贷纠纷案高达 136 件，涉嫌虚假诉讼。检察机关通过对柳某涉案有关判决信息交叉分析，发现借贷金额多为几万元、债务人多为"85 后"、格式化借条为主要证据等特征明显。再以柳某为关键项，通过与本地刑事案件报警信息交叉比对发现其涉嫌敲诈勒索警情较多，移送公安机关后被查实。①

（二）相关思维的应用方法

相关思维的具体应用方法可以分为两步，一是确定随机变量之间是否存在依存关系及其形态；二是测算随机变量之间相关关系的强度。② 是否依存关系及相互关系形态主要采取相关关系表或绘制散点图的方式来进行观察，散点图更能清晰反映随机数据之间的及其相关方向。相关关系如表 1，散点图如图 1（图表中的数据均为虚拟）。

---

① 《绍兴日报：智慧检察显担当，让虚假诉讼一一现身》，载腾讯网 https://new. qq. com/omn/20200427/20200427A08WWZ00. html，2020 - 4 - 27。

② 刘桂荣：《统计学原理》（第二版），电子工业出版社 2019 年版，第 228 - 229 页。

表 1　罪名与学历关系表

罪名＼学历	盗窃罪人数	故意伤害罪人数	危险驾驶罪人数
高中学历	300	100	80
中专学历	100	20	60
大专学历	10	10	50
本科学历	5	8	40
研究生学历	1	5	30

表 1 是一张简单相关关系表，说明学历越低犯罪可能性越大。

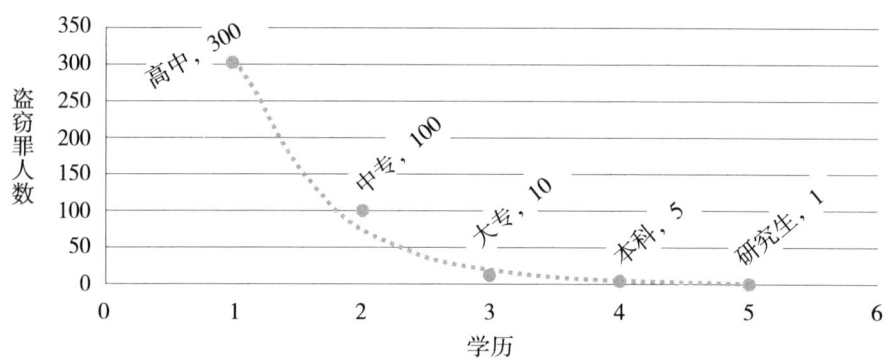

图 1　盗窃罪犯罪嫌疑人学历散点图

图 1 呈现了学历高低与犯罪之间存在反向相关的关系。

相关关系主要有完全正向相关、完全负向相关、无线性相关、不完全正相关和不完全相关。相关关系的强度用皮尔逊相关系数 r 来表示，其取值范围在 −1 到 +1 之间，r＞0 为正相关，r＜0 为负相关，r 越向 1 靠近表示相关强度越高。皮尔逊相关系数的简化公示为：

$$r = \frac{n\sum\limits_{i=1}^{n} x_i y_i - \sum\limits_{i=1}^{n} x_i \sum\limits_{i=1}^{n} y_i}{\sqrt{n\sum\limits_{i=1}^{n} x_i^2 - (\sum\limits_{i=1}^{n} x_i)^2} \cdot \sqrt{n\sum\limits_{i=1}^{n} y_i^2 - (\sum\limits_{i=1}^{n} y_i)^2}}$$

公式中 x 和 y，就是需进行相关关系测试的两组随机变量。[1]

（三）预测思维的应用方法

预测思维的具体应用方法，常见的有时间序列分析法、线性回归分析法、逻辑回归分析法等。回归分析主要用于解决自变量与因变量之间影响强度的量化问题，通过建立数学公式确定因变量和自变量的相互影响系数，来预测或控制因变量。其包括线性回归分析、非线性回归分析和逻辑回归分析。非线性回归分析问题通常转换为线性回归分析解决。

时间序列分析就是通过发现特定历史数据随着时间发展呈现一定变动规律，从而预测未来数据与时间之间变化关系的一种分析方法。[2] 时间序列分析的四个关键因素是长期趋势、季节变动、循环变动和不规则变动。如图 2，对某地区犯罪案发历年数据进行时间序列分析后，发现该地盗窃罪易发、高发的时间段，据此可明确此类犯罪预防的重点。[3]

---

[1] 吴振荣：《统计学》，北京理工大学出版社 2020 年版，第 180 页。
[2] 赵守香、唐胡鑫等：《大数据分析与应用》，航空工业出版社 2015 年版，第 136 页。
[3] 陈笛：《盗窃类犯罪的时间序列分析》，中国人民公安大学硕士学位论文，2017 年。

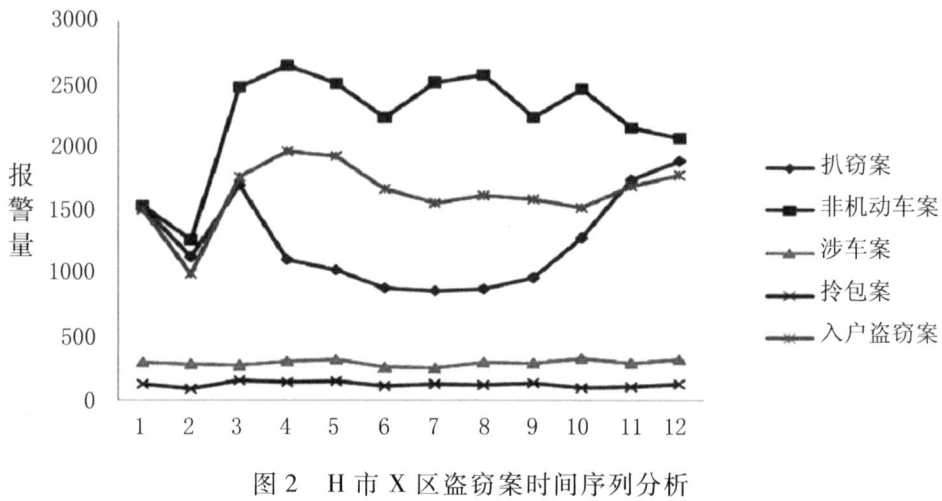

图 2　H 市 X 区盗窃案时间序列分析

线性回归分析是对存在显著直线相关关系的变量进行定量分析，得到不同变量相互影响程度值的一种方法。只有一个自变量和因变量的是一元线性回归，有多个因变量的是多元线性回归。一元线性回归的方程式为：$y = \alpha + \beta x + \varepsilon$，即 y 是 x 的线性函数（$\alpha + \beta x$）部分加上随机误差 ε。其中 $\alpha + \beta x$ 表示由于自变量 x 的变化引起 y 的线性变化，ε 是 x 和 y 线性关系之外其他影响因素。多元线性回归的方程式为：$y = \beta_0 + \beta_1 x_1 + \beta_2 x_2 + \cdots + \beta_p x_p + \varepsilon$，表示有 p 个 x 变量引起 y 的线性变化，ε 的意义与一元线性回归模型一样。比如，我们需要测算检察机关履职对社会经济产生的效能时，就可以把某地一段时期内检察机关提起公诉的刑事案件数量作为因变量，把同期社会经济社会发展数据作为自变量，通过相关分析确定以上变量之间是否存在显著相关关系后，在运用多元线性回归模型测算检察机关提起公诉案件对社会经济效能的影响值。

logistic 回归分析是一种将非线性回归问题转化成线性回归问题的方式，它用以测算一个或多个随机变量与分类变量之间相互影响的概率。逻辑回归的方程式为：logit（P）$= \beta_0 + \beta_1 x_1 + \beta_2 x_2 + \cdots + \beta_p x_p$，

其中 $\beta_0 + \beta_1 x_1 + \beta_2 x_2 + \cdots + \beta_p x_p$ 意义与线性回归方程式一样，所不同的是 logit（P）是分类变量，而线性回归方程式中的 y 是连续变量。[①] 比如，我们需要对再犯罪问题进行预判时，可以将是否有前科作为分类变量 logit（P），将已有犯罪嫌疑人的身份、职业、性别、居住地等数据作为随机变量 β 建立 logistic 回归模型，从而测算身份、职业、性别、居住地等情况，是否对有前科的人再犯罪有影响，以及影响的概率有多大等。

（四）智能思维的应用方法

智能思维的具体应用方法，常见的有数据挖掘、数据整理和数据分析等。在检察业务大数据应用上，主要是检察业务数据挖掘和分析。无论是非结构化数据收集、还是时间序列、线性回归、逻辑回归分析，都涉及庞大的数据和复杂的统计学公式，单靠人工难以处理，需要专业的人工智能和统计软件。检察业务数据存储，因技术部门已经基本解决，在此不再探讨。

在大数据的收集、整理方面，现在比较简便易学的编程语言是 Python。Python 编程环境中，有用于大数据处理的 NumPy 和 SciPy，以及用于大数据分析的 Pandas 和 Scikit – Learn 等库，因这些库都可直接调用，满足大数据高效、智能处理的需求。

在大数据的统计分析方面，有当前国际流行的统计分析系统（Statistical Analysis System，SAS）、社会科学统计软件包（Statistical Package for the Social Science，SPSS）等，需要一定统计学基础和专门的学习才能加以应用。国内知名企业阿里巴巴的阿里数据、腾讯的腾讯大数据、百度的百度统计等也专门发布了各自的大数据应用

[①] 狄松、祝迎春等：《谁说菜鸟不会数据分析（SPSS 篇）》，电子工业出版社 2016 年版，第 126 页。

平台，因检察业务数据保密性要求，应用价值不大，但其大数据分析模型值得借鉴。

四、 大数据思维在检察业务数据分析的具体实例

（一） 相关分析发现危险驾驶犯罪数量与本地城镇居民人均可支配收入和油料产量正向相关

自酒驾入罪以来，各地危险驾驶犯罪案件数量逐年上升、居高不下。为研究危险驾驶犯罪高发多发与本地哪些社会经济因素之间存在密切关联，笔者收集当地统计信息网年鉴数据。以某市各县、区 2014 年以来人口数量、社会零售额、城镇居民人均可支配等 28 个社会经济统计数据为随机变量，就以上随机变量与危险驾驶犯罪案发数量的相关性在统计软件 SPSS 中进行分析，发现城镇居民人均可支配收入和油料产量两个因素，与当地危险驾驶犯罪之间存在十分重要的同向变化关联。即城镇居民人均可支配收入高和油料产量综合数值高的县区，是危险驾驶犯罪的易发地带。

（二） 多元线性回归解决检察官办案量差异难题

检察官办案工作量肯定不能用件数来进行统计。那么，检察官每办理 1 件案件的工作量是否可以测算？办理 1 件案件通常与哪些因素有关？这些工作量与相关因素之间的关联程度可以量化统计吗？为解决这个问题，笔者尝试用案件审结报告的字数作为工作量的多少，并通过在其与涉案当事人人数、案件卷宗数量、系统办案用时等变量之间建立多重线性回归分析模式进行验证。之所以用案件审结报告的字数作为检察官办案工作量的输出值，是因为"四大检察"都有各自的审结报告，并且在审结报告中都固定格式反映涉案人数多少、案件卷宗数量多少。比如犯罪嫌疑人基本情况描述，

能在描述文字数量上反映一个案件犯罪嫌疑人的数量多少；案件卷宗证据摘录审查部分，能反映出案件卷宗材料阅卷量的多少等。

基于这样一个设想，笔者从全国检察业务应用系统中，对 A 市检察机关 2014 年至 2016 年所有一审公诉案件相关数据进行采集，并进行相关性验证。设 Y 为线性回归系数，以案件中审结文书字数（字）为因变量，涉案人数（人）X_1、案件卷宗数量（卷）X_2、办案耗时（天）X_3为自变量，在统计软件 SPSS 中进行线性回归建模测算后，确定涉案人数和案卷材料与审结文书字数之间具有极其显著的统计学意义，[①] 排除不具有显著统计学意义的办案天数。根据测算结果，得出上述变量的线性回归方程式：$Y = 14114 + 1183 \times X_1 + 2389 \times X_2$，即 A 市检察机关办理一件公诉案件，涉案人数对审结报告的影响值为 1183 个字，案件卷宗数量对其影响值为 2389 个字。

---

① 在线性回归分析中，自变量的显著性 ≤ 0.01 时，检验结果具有极其重要的统计学意义，自变量的显著性 ≥ 0.05 时，则结果不具有显著的统计学意义。

重庆市南岸区院三大举措
助力川渝律师跨省阅卷全覆盖

刘蔚琳　吕哲如[*]

为进一步贯彻落实张军检察长"真正把律师当成法律职业共同体，真诚尊重、真心支持"要求，积极回应律师群体对"线上阅卷全覆盖"的需求，重庆市南岸区院立足最高人民检察院第四批案件管理工作联系点先行先试的职能定位，在大力推进律师互联网阅卷的同时，大胆探索工作新思路、新机制、新环境。在重庆市院指导下，主动与成都市武侯区检察院开展调研，克服技术难题，打通四川省与重庆市之间的检察业务数据壁垒，率先实现成渝两地律师跨区域所有案件类型互联网和工作网全覆盖的新模式。2021 年 5 月 8 日率先实现首例真实案件顺序贯通，重庆某律师事务所律师刘某某

* 刘蔚琳，重庆市南岸区人民检察院检察七部主任、检委会委员、四级高级检察官；吕哲如，重庆市南岸区人民检察院检察七部副主任、四级高级检察官。

在我院成功阅到成都武侯区的案卷。川渝异地阅卷系统的正式启用，切实解决了新冠肺炎疫情期间律师跨省流动难的痛点，也是检察机关尊重、支持律师群体，服务保障律师执业权利，以实际行动积极服务保障成渝地区双城经济圈建设的重要举措。

一、 提高认识树立目标， 紧盯两大痛点啃硬骨头

2021年3月7日，重庆市南岸区检察院根据最高检、重庆市检察院的工作部署，认真谋划、深入推进全国律师互联网阅卷试点工作，2021年3月7日成功实现全国首例律师互联网阅卷真实案件流转"零"的突破，保证了3月9日最高检律师互联网阅卷系统启动仪式的顺序举行，为全国律师互联网阅卷工作的全面推开提供了重庆经验。采用律师互联网系统减少律师阅卷时要到检察院现场核验身份、线下阅卷的奔波之苦，节约了律师时间和往返费用，律师阅卷模式由原来的"线上预约、线下阅卷"升级为"直接网上阅卷"，让律师阅卷从原来的"最多跑一次"到现在的"一次不用跑"。实践中，基于办案需要及保密等原因，目前有15类案件暂未纳入律师互联网阅卷范围。部分律师向检察机关提出"线上阅卷全覆盖"的希望，特别是随着成渝双城经济圈建设进程的加快，这一需求成为越来越多川渝律师共同的期望。为解决这一痛点，重庆市南岸区院以智慧检务为抓手，案管部门与检务保障部门多次磋商，在重庆市检察院的指导下，提出跨省异地阅卷的解决方案。

本地律师可通过12309中国检察网或邮寄方式向异地检察机关提交委托书、律师事务所证明、律师证复印件等材料，提出阅卷申请，异地检察机关审批通过后，通过"全国检察业务应用系统2.0异地阅卷模块"将电子卷宗数据流转至外省检察机关。律师可在所在地基层检察机关利用"律师自助阅卷刻录一体机"实现身份认证，电子卷宗的自助下载、刻录。整个过程中律师不需要跨省流

动，不需要与检察人员接触，既能满足疫情防控需要，又能解决律师对 15 类案件异地网上阅卷的需求，能够很好地弥补律师互联网阅卷案件范围的局限。

川渝律师异地阅卷工作，是成渝两地检察机关智慧检务深度合作的重要成果，通过"让数据多跑路，让群众少跑腿"的具体举措，进一步落实"我为群众办实事，我为群众解难题"的工作要求，也为成渝双城经济圈建设提供了重要的法治保障，赢得了社会各界一致好评。

二、 组织有序保障有力，抓实"三步走"落地见效

第一步，实现数据在工作网上跨省互联互通。重庆市南岸区院党组高度重视保障律师执业权利，2021 年年初就将研发川渝律师异地阅卷系统作为当年重点工作之一。2021 年 3 月，我院正式启动该项工作，随即与本院"川渝对建"对口联系的成都市武侯区院沟通，两院分别向各自省级院，乃至最高检汇报，取得上级检察院的支持。在重庆市检察院、四川省检察院的组织协调、工作安排下，重庆市南岸区检察院与成都市武侯区检察院通过现场、线上工作会等多次调研磋商，克服技术困难，形成协作机制，打通了工作网数据跨省互联互通的技术壁垒，构建了川渝律师权益保障新格局，为实现跨地区律师异地阅卷"全覆盖"提供了可复制的"川渝样本"。

第二步，让数据实现自助下载、刻录。重庆市南岸区检察院分管检察长亲自多次带领案管部门、检务保障部门等相关人员到成都市武侯区检察院与相关人员沟通协商、交换意见，积极推进该项工作落实落地。两地检察机关技术人员通过对全国检察业务应用系统 2.0 异地阅卷模块进一步升级优化，研发了跨省异地阅卷模块，顺利实现了电子卷宗在全国检察业务应用系统 2.0 上跨省流转。同时，重庆市南岸区检察院指导成都市武侯区检察院安装调试"律师自助

阅卷刻录一体机"，让全国检察业务应用系统2.0上的数据能够通过"律师自助阅卷刻录一体机"在两院间实现"零接触"的电子卷宗光盘自助刻录。

第三步，以具体案件为切入口，让工作举措顺利落地。通过前期的技术、系统调试已经模拟案件流转测试成功后，重庆市南岸区检察院了解到重庆某律师事务所律师刘某某代理了一件成都市武侯区院办理的刑事案件，重庆市南岸区检察院立即主动联系该律师，详细地向其解释川渝异地阅卷系统，手把手教会律师使用该系统，真诚地为其提供跨省异地阅卷服务。刘律师在12309中国检察网的阅卷申请审核通过后，成都市武侯区检察院通过检察业务应用系统2.0异地阅卷模块将电子卷宗顺利推送至重庆市南岸区检察院，刘律师通过重庆市南岸区检察院"律师自助阅卷刻录一体机"自助实现身份核验、卷宗下载与刻录。

三、 建章立制操作规范，三举措促常态化运行

一是规范先行。作为全国律师互联网阅卷、重庆市新冠肺炎疫情期间跨区域异地阅卷先行先试院，重庆市南岸区检察院在总结保障律师阅卷权的经验基础上，参照本院已经制定的互联网阅卷实施细则，制定《重庆市南岸区人民检察院开展成渝律师异地阅卷实施办法（试行）》，规定对律师提出的异地阅卷申请，实行"1+1+1"工作机制，严格落实3个工作日工作要求，即案管部门1日内移送审核，办案部门1日内完成审核，案管部门1日内向律师推送电子卷宗，切实实现保障律师阅卷权工作的及时、规范、高效。同时，结合基层院速裁案件多，办案节奏快等特点，整合案管部门受案前台现有人员力量，形成了"一人专职、三人辅助"的电子卷宗制作、上传工作模式，实现卷宗当日受案、当日扫描、当日上传，电子卷宗即推送成功后，立即通过短信提醒律师可前往当地检察院

阅卷，为实现律师实时阅卷提供保障。

二是专人专办。重庆市南岸区检察院与成都市武侯区检察院指定专人作为业务、技术联络人，对日常工作中遇到的业务、网络、设备等问题，及时通报情况，交由各院专人及时跟进处理或共同分析研判处理，工作情况通过联络人定期互相通报。重庆市南岸区检察院还建立专人受理审查、专人故障排查、专人审核督查的受理工作机制，确保从受理到审核全流程有人负责，各个节点专人负责的工作模式，实现川渝异地阅卷工作的顺利推进。

三是加大宣传。让广大律师群体更多地享受到智慧检务改革带来的红利。重庆市南岸区检察院结合前期工作开展的情况，认真梳理川渝律师阅卷系统流程节点，印制"川渝律师跨省异地阅卷操作指引"，针对律师"登录、申请绑定案件、申请阅卷、下载卷宗"等关键四步操作中作出简明扼要介绍，让初次接触川渝律师阅卷系统的律师"一册在手、操作自如"。通过本院大厅显示屏、"两微一端"和市院微信公众号、重庆市南岸区电视台向广大群众进行宣传，同时向本区司法局、律师协会积极宣传检察机关律师互联网阅卷系统，并走访本区律所，多渠道加大宣传推广力度。重庆市南岸区检察院积极构建新时代新型检律关系，着力打造法律执业共同体，践行"以人民为中心"的司法理念，将该系统作为全院2021年重点工作在全市基层检察院"晒亮点"系列活动中在全市宣传。12月22日，南岸区案管部门负责人作为全市两名检察官代表之一在重庆市人民检察院、重庆市司法局、重庆市律师协会2021年联系会议上以保障律师执业权利为主题交流发言，重点汇报了律师互联网阅卷和川渝律师异地阅卷工作。

智慧案管

ZHIHUI ANGUAN

横琴粤澳深度合作区检察服务管理平台建设的路径探析

罗伊淋*

目　次

＊ 珠海市香洲区人民检察院三级检察官。

（四）对管理平台建设团队的专业性要求高

四、对横澳合作区检察服务管理平台建设的几点设想

（一）管理平台建设的实现方向

（二）管理平台建设的核心需求

（三）管理平台建设的团队保障

（四）管理平台建设的需求统筹原则

2021年9月5日，中共中央、国务院印发《横琴粤澳深度合作区建设总体方案》（以下简称《方案》），习近平总书记指出，新形势下做好横琴粤澳深度合作区（以下简称横澳合作区）开发开放，是深入实施《粤港澳大湾区发展规划纲要》的重点举措，是丰富"一国两制"实践的重大部署，有利于推动澳门长期繁荣稳定和融入国家发展大局。其中《方案》的第四点"构建与澳门一体化高水平开放的新体系"中明确要求，"促进国际互联网数据跨境安全有序流动……实现科学研究数据跨境互联互通"。数据已经成了新时代各行各业的重要生产要素之一，要服务好、保障好横澳合作区法治建设的相关工作，要主动将横澳合作区的检察信息化建设纳入检察机关"智慧检务"整体工程中，打造以"数据为核心"的横澳合作区检察服务管理平台，以科技赋能为推进粤港澳大湾区建设贡献法治力量和智慧力量，以"智慧检务"工作的创新发展助推国家治理体系和治理能力现代化建设。

一、横澳合作区检察服务管理平台建设的重要意义

（一）管理平台建设是共同推进两地法治建设高质量发展的创新工作举措

管理平台建设是立足新发展阶段，以习近平新时代中国特色社

会主义思想为指导，全面贯彻党的十九大和十九届历次全会精神，深入落实《方案》意见，坚持"一国两制"、多元发展，构建新发展格局的创新工作举措。管理平台的建设，坚持互联互通、安全高效的原则，以丰富的合作内涵、创新的工作方式，逐步建立健全粤澳共建共管共享的新体制，着力构建与澳门一体化高水平的工作体系和业务平台，共同推进域内域外法治建设的高质量发展。

（二）管理平台建设是全国检察机关"智慧检务"工程的重要组成部分

新时代的检察工作要贯彻新发展理念，坚持解放思想、改革创新，需将管理平台定位为"十四五"时期"智慧检务"工程的重要组成部分。横澳合作区检察服务管理平台不是独立于全国检察机关"智慧检务"之外的封闭体系，而是全国检察机关信息化建设整体布局的有机组成部分，是信息化建设的广东智慧成果，也是两地现代化法治工作合作共建的重要成果。

（三）管理平台建设是实现检察业务数据治理现代化的科技载体

为大力推动检察业务数据治理现代化，管理平台将以实现"跨境数据互联互通"为建设目标，紧紧围绕"智慧检务"体系建设的核心即"数据驱动"，充分探索并建立跨境数据的管理、交互、共享等工作机制，并辅以新一代的检察业务管理设计思路，同步建设文书智库、流程智库等重点业务的融合应用，将管理平台打造为适应新时代横澳合作区司法应用的集中统一的信息化平台，为两地法治建设的知识成果提供信息化途径充分保障。

二、 横澳合作区检察服务管理平台建设的工作思路

（一） 建设原则

横澳合作区检察服务管理平台建设的原则是科学、安全、高效、有序。目前横澳合作区的司法规则对接相关工作仍处于探索研究阶段，管理平台的业务需求必须与两地司法规则深度融合，符合科学化建设的要求，使司法规则对接工作与管理平台建设形成"同频共振"之势，更有利于推动两地的法治建设成果落地。并且，要充分探索和运用人工智能、区块链、云计算等技术，在数据管理、数据共享等方面保证数据开放性应用的安全性，确保行业数据和个人信息的安全保障，努力打造统一的技术标准和应用场景的创新生态，有效提高司法效率。基于"一国两制"的制度特点，管理平台建设理念和采用技术有适度超前的必要，满足内地衔接澳门、接轨国际的业务需求，为合作区长远发展提供有力的技术手段，也为在疫情防控常态化背景下的跨区域业务办理和管理提供高效便捷的途径。

（二） 建设模式

横澳合作区检察服务管理平台建设模式是合作联建、统一应用。管理平台不仅是在横澳合作区检察院使用的单一平台，它应当是具备将来联通两地司法机关的重要信息化手段，平台建设的需求统筹和技术研发工作应搭建专班团队，由两地各派出代表全程参与，建设的内容和工作方式应当统筹兼顾两地的工作规范、行业习惯等条件，最大限度地发挥管理平台的效能和作用。"合作联建"不是"平地起高楼"，可充分依托检察机关信息化建设的现有成果，如检察业务应用系统2.0版及系列子系统，符合合作区工作思路的可直接采用，不适应合作区个性需求的可大胆改造，考虑合作区多

元化产业、特殊的市场环境和公共体系等因素，建设过程应保持全国检察"一盘棋"的思路，既解决了新时期跨区域、跨层级之间开展业务协同的现实需要，也为后期管理平台与检察业务应用系统对接互联奠定了良好的基础。

三、 横澳合作区检察服务管理平台建设面临的难题

（一）横澳合作区司法规则衔接机制未落地

一个系统的实体性业务需求，它的合规性、体系性、前瞻性是整个项目成败的关键因素和核心问题。横澳合作区司法规则衔接机制是落实本地区司法工作的"基本法"，对系统建设的需求内容起着决定性作用。由于法域不同，尤其是在刑事检察方面，两地存在刑事管辖权冲突、刑事法律基本原则和基本制度差异，以及罪与非罪、此罪与彼罪、罪轻与罪重、刑罚种类与适用差别等，管理平台中的刑事检察实体内容需求方面难以落实，没有衔接机制，如同"巧妇难为无米之炊"。而流程相关的内容，两地皆有成熟的做法，存在相通之处可会商后确定，差异化的内容也需分析协调。《方案》中明确提出合作区的发展目标，"到2024年澳门回归祖国25周年时，粤澳共商共建共管共享体制机制运作顺畅"，管理平台作为共建共管共享机制的一项重要内容，若等待衔接机制完全落地后再启动项目建设，将会错过新时期合作区发展高速通道的"良机"，"不等不靠"是检察机关服务保障横澳合作区发展、服务大局发展的应有理念。因此，要建设成"能用、实用、好用"的合作区检察服务管理平台，司法规则衔接机制必须初步建成，做到系统建设"有法可依""有据可循"。

（二）横澳合作区数据管理体系基础较弱

《方案》中第十九点指出，"在国家数据跨境传输安全管理制度

框架下，开展数据跨境传输安全管理试点，研究建设固网接入国际互联网的绿色通道，探索形成既能便利数据流动又能保障安全的机制"。发挥域内域外海量数据和应用场景的优势，促进数字技术与司法业务的深入融合，应当是合作区检察服务管理平台建设的重中之重。围绕着在合作区司法实践中传输、互联、共享数据的类型、范围、标准、安全保障等重点内容，如何进行管理、谁来管理、管理责权等命题，目前仍有待进一步的研究和确认。但毋庸置疑的是，置身于数字化发展时代，为推动澳门长期繁荣发展及更好地融入国家大局中，必须向"数据"要生产力，赋能两地司法建设的深入发展。

（三）横澳合作区法律文书使用习惯差异较大

在法治信息化工程建设的大背景下，"智慧检务"要从"文书驱动"升级为"数据驱动"，但法律文书仍是目前很长一段时间司法办案的重要载体，尤其是在合作区司法衔接仍处于初期阶段，法律文书的管理与使用是建设管理平台的有效着力点。目前两地使用法律文书的差异主要体现在两个方面，一方面是文书的格式样本，另一方面是文字语言。首先看格式样本，通过比对澳门特别行政区法院官方网站的裁判文书和"两高"常用的刑事诉讼法律文书样本，不难发现，澳门中级法院的裁判文书有"文书封面"，包含文号、日期、主题、案情摘要、裁判书制作法官姓名等内容，"两高"的起诉书、判决书一般只有正文内容；澳门裁判文书为了突出重要论点、引用相关文书内容等，可使用不同的字体、格式来做区分，语言表述习惯有地方特色，在阐述某一观点时可推荐参考某些法律著作，文书内容的自由度较大；且澳门初级法院、中级法院同一类不同层级的判决文书的格式差别较大，文书编号格式也并未统一，有数字+中文，也有数字+英文+中文。其次看语言，笔者看到在澳门法院裁判网中提供的文书，多数只有葡语版本，少数增加有繁体中字版本，无英语版本。因此，需重点考虑借助智慧化手段消除两地法律文书差异性带来的隔阂，推进粤澳司法交流和提高检察服务水平。

（四）对管理平台建设团队的专业性要求高

对管理平台建设团队的专业性要求高体现为"三高"，分别是对平台建设的专班团队要求高、对需求统筹管理的业务专家要求高，以及对项目研发团队的要求高。首先，合作区检察服务管理平台建设涉及两地两法域两网，其中重要性及专业性不言而喻，两地联合共建有必要搭建专班团队专门负责，承担起项目管控中枢的职责，做好项目的顶层设计、实施方案、组织落实、风险把控等工作。其次，需要业务专家在横澳合作区司法衔接规则基础上进行管理平台的需求统筹和编写工作，业务专家必须具有丰富的实践经验和扎实理论功底，熟悉澳门法律制度和司法工作规范，能与澳门共建代表进行有效的沟通协调，开展深度协作和系统研究。最后，由于研发项目涉及业务内容及功能应用较为丰富，对研发团队的专业性也是提出了很高的要求，研发公司应当要具备与港澳地区开展项目合作的经验，聘请精通葡语、英语等翻译人员参与项目关键部分建设等。

四、 对横澳合作区检察服务管理平台建设的几点设想

（一）管理平台建设的实现方向

1. 落实管理应用

合作区检察服务管理平台的建设目标是实现"跨境数据互联互通"，以管理应用为主，案件办理为辅，因此，要以信息化技术手段增强管理质效和拓展数据应用作为平台建设的立足点。管理服务和数据应用相辅相成，应当建立管理平台的数据管理模块、粤澳检

察智库模块、线上一体化检察服务模块、粤澳检察业务公开模块等，具有实时更新、动态入库等特点。

粤澳检察智库模块包含法规库、案例库、语言库、专家库等知识内容。比如最高法《关于内地与澳门特别行政区法院就民商事案件相互委托送达司法文书和调取证据的安排》、国办《香港法律执业者和澳门执业律师在粤港澳大湾区内地九市取得内地执业资质和从事律师职业试点办法》等；最高检的涉澳指导性案例、典型案例等；向专业涉外法律翻译机构购买社会服务，对工作文件、法律文书、专业术语进行翻译并取得相应的知识产权；建立熟悉粤澳两地司法情况的专家库，为开展各项研究工作提供充足的人力资源。所有的"知识库"应转化为管理人员和服务对象的生产要素，为其所用，特别是在两地司法衔接规则体系构建的过程中，将发挥重要作用，并随着业务管理流程、服务流程以及案件办理流程的建立而"无限扩容"。线上一体化检察服务模块、粤澳检察业务公开模块等主要是为横澳合作区各项跨区域业务探索发展而设立的专区，以求同存异、便利合法等原则，加强两地司法业务的交流与合作，提高内地与涉澳法律制度衔接过程中的诉讼服务质量和效率。对于案件办理部分，可完全参考检察业务应用系统2.0相关流程，或者直接做好两套系统之间的衔接，采取调用模块的技术架构来实现。

2. 实现"互联互通"

《方案》中第五点"健全粤澳共商共建共管共享的新体制"中明确合作区的开发管理机构由粤澳双方联合组建管委会，因此，实现"互联互通"是检察服务管理平台亟须实现的基础条件，有两方面需要重点关注的。一方面是"互联"，即管理平台联通的网络结构。目前检察业务应用系统从1.0发展到2.0，从涉密专网到工作网，案件的办理和管理始终在有限的网络状态下运行。充分考虑未来两地司法建设的前进里程，管理平台不仅由横澳合作区检察院一家使用，从"服务—办理—管理"的发展态势进行研判，符合条件的两地司法人员均可使用平台，将管理平台从"仅自己可见"改变为"选中的朋友可见"，搭建相应的网络结构。另一方面是"互通"，即管理平台为两地司法工作者搭建的沟通平台。目前粤澳两地人员往来仍有不同程度的限制及审批程序，尤其是内地入澳门。自 2020 年新冠肺炎疫情发生后，两地的交流也明显减少，因此，管理平台的互动功能必须"接地气"，具备线上研讨、线上培训、点对点传送、流程办理等基础功能，并用 VR 等虚拟智能技术打造沉浸式的司法办案场景，根据业务类型打造多种沉浸模型，丰富两地人员交流的方式方法，增强双方友好合作的效果。

3. 创新文书形式

粤澳两地的司法文书格式及语言相差甚远，在尊重不同司法习惯的前提下，建议启用共同的"数字语言"将文书电子化，最大限度地减少叙事性文书对文书格式、主观性描述等的依赖，并逐步引入自然语言生成技术将文书制作升级为"智能文书"。传统司法办案思维对纸质文书过度依赖，认为只有实体文书才能体现办案的规范化、精细化和权威性。这种思维应当彻底转变，司法文书也应当"去实体化""繁简分流"，其积极作用在粤澳两地司法规则衔接过程中尤为明显。文书电子化不是将实体文书进行扫描形成电子文档，而是对一些程序性、管理性的文书直接改造为管理平台中的"业务事项""业务案卡"等展现在不同权限的用户界面，同步配套符合规范的电子印鉴服务，确保"电子文书"的合法有效性。文书电子化还可以调用知识库中已"合规化"的多版本法律语言，包括不仅于简体汉字、繁体汉字、葡语、英语等，使两地的司法互联形成"无障碍通道"。

（二）管理平台建设的核心需求

《方案》中要求的，"促进国际互联网数据跨境安全有序流动"，核心在"数据"，合作区检察服务管理平台建设的核心需求为建立数据管理体系，即打造"数字化合作区"。《国民经济和社会发展第十四个五年规划和2035年远景目标纲要》中明确指出，"加快构建全国一体化大数据中心体系，强化算力统筹智能调度，建设若干国家枢纽节点和大数据中心集群"，在此基础上，笔者建议，数据管理体系要实现的目标是"大数据+人工智能"，管理体系可分为三个维度，维度一是在合作区司法实践中形成的数据如何进行采集、清洗、存储、挖掘、分析等管理，是数据资源的基础管理。包括上文提到的文书电子化，可以很好地将文书内容转化为结构化数据，直接纳入"数据"的重要内容。维度二是互联共享的数据如何分类、使用范围、资源标准、权利责任等管理体系，是数据标准体系和安全管理体系的执行管理。实现维度一和维度二的内容后，合作区的大数据体系已初步描绘完毕。而维度三则是对已梳理的数据资源辅以算法推理训练场景，加入人工智能算法、动态图形的标识解析等技术创新，展望未来合作区智慧司法的人工智能应用，从而实现数字与司法的深度融合，提高司法智慧水平和办案效率、杜绝人工干预司法活动，勾勒智慧司法的美好蓝图。

（三）管理平台建设的团队保障

管理平台建设需"三个一"的组织架构来完成创新改革的项目内容，即"一领导一基地一专班"。一是在服务保障横澳合作区高质量发展的命题上，广东省检察机关应勇担重责，贯彻落实《中共中央关于加强新时代检察机关法律监督工作的意见》赋予的历史责任，以打通检察业务信息化"最后一公里"为目标，承担建设横澳合作区司法业务管理平台的任务，与政法互联建设形成合力，最终实现跨部门、跨区域司法业务协同的工程体系建设，全面提升新时期检察机关法律监督工作的能力和水平。二是葡萄牙语是世界第六大语言，使用总人口达2.5亿，要做好横澳合作区的司法交流合作，需充分利用横琴的中国与葡萄牙语国家检察交流合作基地，架起中国与葡萄牙语国家间的检察文化交流、司法协助合作和检察信息共享，为粤澳两地检察机关开展司法规则衔接、案件协查、高级研修班、学术论坛等合作交流活动提供优质的平台和载体。三是组建司法业务管理平台建设专班是确保项目成功落地的关键要素，且专班的组成结构须形成"铁三角"，分别是业务需求团队，需求统筹管理团队以及技术研发管理团队，业务需求团队由粤澳两地选派精通两地司法的业务专家组成，负责提出高质量的、有前瞻性的业务需求，需要系统实现的业务办理相关功能，以及确定具体的业务内容，比如文书模板、业务流程；需求统筹管理团队主要由大型业务系统建设经验的信息化专家组成，负责提出通用的业务管理需求，把控整个系统的需求形成闭环的业务逻辑，检验整体需求的统一性、完整性和科学性；技术研发管理团队主要由检察技术信息专家和研发公司专家组成，负责管理平台的技术架构、技术实施方案、系统研发及部署运行等系列工作。同时，合作区司法业务管理平台是"智慧检务"工程不可割舍的一环，应将管理平台的建设工作纳入检察官业绩考评中，确立为专项内容，以考评的形式充分肯定和鼓励积极投身于两地司法建设的检察人员。

（四）管理平台建设的需求统筹原则

需求统筹合作区检察服务管理平台建设项目工程中最关键的一环，应关注需求统筹的科学性和包容性。一是需求统筹管理的科学性。近十年，以检察业务应用系统1.0及2.0、统计子系统及12309

中国检察网等项目为标志，全国检察机关在信息化建设方面进入了高速发展阶段，在这些重大项目建设上我们积累了丰富的需求统筹管理工作经验。为此，笔者建议以"思想—论证—设计—改进—体系"的"螺旋式"需求设计模型，作为合作区检察服务管理平台建设的模型，要以指导思想和建设目标贯彻项目始终；在司法规则衔接机制研究的过程中同步论证管理平台需求的实体内容，有利于防止衔接规则成为"空中楼阁"并转化为切实有用的生产要素，可引入外部力量邀请行业专家参与论证；以项目专班为项目管理主体，完成需求内容的编写和技术手段的设计方案，落实管理平台的研发工作；管理平台开发完成后需经过用户的使用反馈意见，进行修复完善，将设计与实践的差距尽可能地缩小为合理值。最后，合作区检察服务管理平台的建设应作为"智慧检务"工程建设的重要一环，不仅能与广东检察机关互联，而且能实现最高人民检察院、广东省人民检察院与横澳合作区"三地两网"的互联互通。二是需求统筹管理的包容性。除了项目专班团队外，在如此复杂的项目上"集众家之长"，尤为重要。其一，要注意收集"新案例"。到先进地区和先进部门调研，尤其如前海合作区，杭州湾大湾区的上海、宁波、杭州，学习其新思想、新技术、新经验，消化吸收后融入横澳合作区的业务需求之中。如南沙自贸区检察院创新提供"涉外中英葡三语告权服务"，甄选专业涉外法律翻译机构，对文书中的权力告知要素进行系统翻译，并邀请熟悉国际私法和精通法律英语的检察官、专家层层把关，最终制作"中英葡"三语版本的法律文书，更好地为涉外企业提供优质的法律服务。其二，围绕横澳合作区信息化建设的主题，结合每年一届的全国检察机关信息化网上轻应用评审活动，围绕系统操作创意应用、数据智能化管理的创新技术等主题，广泛征集各地好点子、好做法，调动全体检察人员共同参与合作区检察服务管理平台建设的积极性。

"智慧案管"建设相关问题研究

——以浙江省"数智案管"建设为样本

吴小倩　　陈月影[*]

　＊　吴小倩，浙江省人民检察院案件管理办公室副主任；陈月影，浙江省人民检察院案件管理办公室一级检察官助理。

（二）加大案件质量评查结果运用

（三）拓展业务数据分析研判功能

新时代，党中央对"数字中国"建设作出的重大部署，浙江省委对数字化改革系统谋划，经济社会发展对数字检察提出了新要求，更提供有力支撑。新发展阶段，以习近平同志为核心的党中央高度重视检察机关法律监督工作，专门印发《关于加强新时代检察机关法律监督工作的意见》，在加强检察机关法律监督同时，也对检察监督质效提出更高要求。张军检察长对检察机关案件管理部门提出要"有担当、能担当、善担当，融入检察，管好管理"的职责要求。面对新形势、新要求，浙江省检察院以省委数字化改革为契机，深入贯彻落实高检院案件管理"规范、高效"、智慧检务工程建设"科学化、智能化、人性化"的要求，坚持系统观念、法治思维、强基导向，聚焦"监管"与"服务"职能履行，从使用者需求出发，研发"数智案管"系统项目建设。作为《浙江数字检察建设"十四五"规划》重要应用项目，"数智案管"系统建设坚持以数字赋能、智能辅助为核心，以全面提升案件管理工作质效为目标，以质量变革、效率变革和动力变革为路径，努力推动打造标准化、智能化的数字案件管理高水平发展新格局的浙江实践。

一、"智慧案管"建设的时代背景和必要性

（一）多重改革背景下案管部门职责重塑性变革的内在要求

新时代，伴随国家监察体制改革、司法责任制改革、检察机关内设机构改革，检察机关完成系统性、整体性、重塑性改革，"捕诉一体"、认罪认罚从宽制度适用等刑事检察工作机制全面确立，"四大检察"法律监督总体布局初步形成同时，检察官办案自主权

明显增大，案件质量风险、廉政风险加大。践行习近平总书记"敢于监督、善于监督、勇于开展自我监督"的重要指示精神，全面提升监督质效，要求作为检察机关内部制约监督关键环节的案管部门加强依法科学预警，强化内部监督，加大流程监控的事前、事中监督、案件质量评查的事后监管力度，形成闭环式的全周期案件质量精密管控。同时，大数据时代，海量检察数据的高效精准分析对于优化检察履职、服务领导决策、促进社会治理作用关键，而数据的精准是决策基石，只有加强数据管理，倒逼办案人员树立"案卡填录就是办案"的理念，才能拓宽分析深度、强化决策参谋，更好服务司法办案、助推省域治理现代化。因此，作为业务大枢纽的案件管理部门"管理、监督、服务、参谋"的职能要求更加凸显，要求流程监管、数据管理、案件质量评查，及在此基础上的分析研判等重点工作要进一步深入推进。

（二）数字化时代背景下智慧案管建设的历史必然

新发展阶段，万物互联的数字化时代，"大数据""云计算"折射出的生产力、生产关系、上层建筑的交织作用和变革，使得以数字化引领、撬动、赋能现代化，克服高质量发展的瓶颈和障碍以及"用数据说话、用数据决策"成为必然。中央层面，习近平总书记指示"要以信息化推进国家治理体系和治理能力现代化""要遵循司法规律，把深化司法体制改革和现代化科技应用结合起来，不断完善和发展中国特色社会主义司法制度"。高检院明确提出"推进智慧检务工程建设，加强大数据、人工智能、区块链等新技术应用"的部署要求；检察业务应用系统2.0全面上线；高检院关于《检察业务数据管理办法》《案件质量主要评价指标》《刑事案件办理流程监控要点》等管理机制的全面细化出台；技术应用层面和规则层面均有较为完善的系统支撑和体系建设。浙江省全面推进数字化改革，是浙江立足新发展阶段，贯彻新发展理念，构建新发展格局的重大战略举措，是从数字赋能到制度重塑、技术理性向制度理性的新跨越。作为五大综合应用之一数字法治的重要组成部分，政法一体化办案系统建设要求的单轨制办案（卷宗电子化）为浙江检察"数智案管"建设奠定了信息化基础。因此，从深化检察改革来看，数字赋能是案管部门深化转型重塑的关键。强化内部监督要求案管部门找准案件管理和人工智能的结合点，向科技要生产力，提升案件管理核心战斗力，推动案管工作现代化。

（三）破解案管工作多重现实困境的迫切需要

1. 案管队伍存在专业化人员短缺困境

内设机构改革后，部门间人员结构调整，基层院案管部门普遍存在与控告申诉、研究室、技术部门多部门合署一部办公实际，办案经历、入额问题难以解决，工作能级难以提升。司法雇员占大比重，专业性相对不足，流动性大，队伍不稳定。

2. 流程监控、数据巡查面临"人""量""质"三重困境

一是"人"的困境。流程监控员、数据巡查员人数"少"与监控点海量"多"之间的矛盾，流程监控人员精力不足与已有系统过多依赖人工筛选之间的矛盾。二是"量"的困境。流程监控日常以随机抽选为主，未达到对司法办案全过程中的节点监控要求；部分承办人案卡填写不规范，导致部分数据不能进入统计库，影响统计报表，依靠数据巡查员人工进行核对，工作量大、效率低。流程监控、数据巡查以刑事案件为主，其他三大检察业务存在监控盲区。三是"质"的困境，流程监控、数据巡查及时性不强，滞后性明显；已有的监控规则过于繁杂，缺乏精准性、智能化。办案检察官迫切需要案管部门提供办案程序性的管理和预警，帮助提升办案质量。

3. 案件质量评查存在粗放化困境

一是评查纸质卷为主，目前的案件质量评查还是以线下的纸质归档卷宗为主。二是依赖人工和经验法则。案件抽查采用人工进行，存在一定主观因素，对于重点评查案件，无法实现自动抓取、提醒评查。案件质量评查点没有智能辅助提示，对评查人办案经验和法则应用依赖性强。三是评查过程不留痕，评查过程全部线下进行，线索不留痕，不便于后期查询。

4. 分析研判信息化手段严重缺乏和不足

痛点主要有：数据统计分析支撑单一，部分数据缺少或不准确；跨地区、跨维度、跨时段使用报表存在缺陷，分析停留在表层；质量核心指标未嵌入、各地运用不统一；缺少指标异常主动预警功能，数据变化不敏感；个性化指标、组合运用不灵活，数据碰撞能力不足；数据采集两张皮；外部数据源利用不足，没有利用统一业务系统生产库、考评系统、质量评查系统、流程监控、人才库等数据；权限管理不匹配。

二、 浙江省"数智案管"系统建设的具体构建

以问题为导向，浙江省检察院"数智案管"系统建设目标是：根据检察业务应用系统 2.0 的体系要求，利用浙江省政法一体化办案系统流转至检察机关的数字卷宗，建设内嵌于检察业务应用系统中的一体化案管工作平台，包括流程监控、数据巡查、案件质量评查、分析研判四大模块。具备流程规范、案卡填录的自动筛查、反馈，案件质量评查的快捷规范，以及分析研判的智能精准等功能。可实现从源头数据、办案流程到重点案件评查全覆盖的闭环管理，推进案件全周期的精准管理；实现办案检察官的主体责任落实、业务部门信息的实时反馈及案件管理部门全面履职的整体"智治"，破解案管业务碎片化履职痛点。

（一）做实做细流程监控

最高人民检察院 2021 年度案件工作要点提出，要做实做细案件流程监控工作，促进《刑事案件办理流程监控要点》全面适用，并研究制定民事案件流程监控要点。"信息化是流程监控的重要支撑，也是流程监控工作取得成效的重要保证。"[1] 结合目前流程监控工作面临困境，急需借助信息系统予以智能化，丰富流程监控方式、细化流程监控规则、预警内容，建立"提醒"制度及快捷反馈机制。具体构建方向如下：

1. 梳理规则、监督案例

以办案检察官迫切需要案管部门提供办案程序性管理和预警，帮助提升办案质量的需求为出发点，根据《刑事案件办理流程监控要点》，结合文书、案卡、一体化流转等信息，梳理出流程监控规则。整理各地流程监控实效的类案监督，充实进规则库。将程序性办案要求的规则代码化，并反复校验，确保规则精准。

2. 精准捕捉、自动监控

对流程监控涉及的案件受理、案件审结、出庭公诉、裁判结果审查、文书公开等各个环节分别建立流程监控模型，实现流程监控自动化运行，发现的问题自动提示承办人和流程监控员；智能监控规则管理，可以对流程监控规则进行灵活匹配，流程监控规则支持对案卡数据项判断支持对案件办理流程进行判断，支持对文书创建情况进行判断，支持对电子卷宗制作情况进行判断。

3. 移动端及时精准推送

对接浙江检察 App，浙政钉等程序，通过移动端向办案检察官

---

[1] 许山松：《〈人民检察院案件流程监控工作规定（试行）〉解读》，载《人民检察》2016 年第 18 期。

（辅助人员）、流程监控员，点到点推送预警信息，确保承办人及时处理，支持移动端处理反馈，形成线上"推送—核查—修正—反馈"的闭环。

4. 开展大数据分析

对流程监控问题进行多维度分析、画像，包括时间、问题类型、地区分布、承办人、反馈处理情况等，找出常见问题、多发问题进行重点监控。

（二）丰富完善数据巡查系统

检察业务数据是各级检察机关开展分析研判、部署检察工作、向有关部门提出工作建议的基础，为检察机关发挥法律监督职能作用提供了关键的信息支撑。最高人民检察院《检察业务数据管理办法》要求加强数据管理，确保业务数据真实、准确、及时、安全，更好保障检察履职办案、科学决策与业务指导。浙江省检察院对检察业务数据实行质量溯源，确保检察案件信息采集填录准确，加强检察采集数据的源头鉴别，加强数据开发加工的授权审核。

为夯实检察业务数据质量，提升司法规范化水平，浙江省检察院2020年开发并上线应用"啄木鸟"数据巡查系统。伴随检察应用系统2.0迭代升级，"数智案管"系统对数据巡查系统进行丰富完善。具体构建方向如下：

1. 巡查规则和模型丰富化

对数据巡查涉及的刑事、民事、行政、公益诉讼、未检、控审等各类案件，分别建立案卡填录规则模型，同步增加认罪认罚从宽制度适用、扫黑除恶、网络犯罪等专项工作案卡填录规则，规则和模型组合可自定义，方便操作。

2. 数据巡查自动化

通过对案卡、表卡、文书的自动比对和逻辑关系的校验，实现数据自动筛查反馈，填录错误自动报警提醒，高效夯实检务业务数据质量。解决此前依靠统计员人工进行核对，数据瑕疵率高，工作量大、效率低问题。

3. 反馈处理职能及时

数据巡查系统共设置三个角色，分别是承办检察官、部门数据管理员以及院数据管理员。部门数据管理员、院数据管理员可以对系统自动筛查出的数据巡查问题进行人工确认和处理，对系统误报的问题可以忽略，对确实存在的问题可以选择通知承办人修改、发放监控通知书等不同处理方式。通过数据巡查自动化、问题报警提醒自动化、预警信息展示集中化、修改反馈即时化，提高工作效率和便捷度。

此外，"数智案管"还支持移动端及时精准推送、开展大数据分析，完善案件流程监控。

（三）夯实构建质量评查系统

案件质量是司法公正的生命线，案件质量评查对案件质量提质增效起着重要的作用。最高人民检察院《人民检察院案件质量评查工作规定（试行）》对案件质量评查工作的定义、基本要求、评查方式、评查程序与结果运用等作出规定。该规定将"人工评查与智能辅助相结合"，与"统一组织与分工负责相结合，问题导向与正向激励相结合，监督管理与服务司法办案相结合，主观过错与客观行为相一致"一并列为工作要求。

为深化落实检察官办案责任制，持续强化对检察官司法办案的管理监督，浙江省检察院在最高人民检察院顶层设计下，结合浙江实际，先后制定了《浙江省案件质量评查标准（试行）》《浙江省案件质量评查工作实施细则》，强调要借助信息化技术，智能辅助案件评查。具体构建方向如下：

1. 对接电子卷宗系统，推动形成线上评查为主、线下评查为辅的评查机制

持续强化对检察官司法办案的管理监督，利用我省政法一体化办案电子卷宗单轨制和电子卷宗编目两大项目建设，针对目前案件办理线上线下两张皮问题，明确以检察业务系统内文书为唯一依据。

2. 智能辅助评查

向科技要生产力，对接检察业务系统2.0，获取案件的案卡信息、文书信息和电子卷宗信息。借助人工智能技术，实现重点案件评查全覆盖，全省评查人员的集中调配使用和线上异地评查，评查过程的全留痕。同时清晰交叉评查等流程环节设计，规范三种评查方式流程。

3. 坚持评查深层化

案件质量评查应当程序和实体并重，为解决个别评查人专业性不足或评查疏忽造成评查浅表化、枝节化的情况，设计智能辅助评查功能，评查要点自动提示；将流程监控、数据巡查和文书比对情况展示给评查人员，立体展现关联情况，辅助进行评查。

4. 设计反馈和复核功能

可在线沟通反馈。评查人员在案件评查过程中，可以以匿名方式与被评查案件的承办人进行沟通，被评查案件的承办人可以将情况反馈给评查人员。案件评查组织部门可对案件评查结果进行复核，填写复核结果，也可以指定其他评查人员对案件进行复查。支持对已经评查过的案件进行复查。

5. 支持多需求的评查分析精准画像

可多种纬度进行分析反馈，实现案件质效问题的精准把控，实现从个案监督向类案和体系化监督转变。找准监管的重点问题和关键环节，针对性加强和改进办案质效，实现机制上的健全完善。

（四）创新重构分析研判系统

分析研判工作是加强检察宏观管理的重要职能，是推进检察机关参与社会治理创新的重要途径。最高人民检察院明确提出要"逐步将检察业务数据分析研判打造为案管'品牌产品'"。通过业务动态数据趋势分析、综合性专题数据研判，既能形成多类倾向性问题深层次分析材料，及时回应领导和有关业务部门的咨询研商，为院党组搭建起日常性的业务工作指挥平台，又能透过数据找准检察工作切入点，推进省域治理现代化，实现司法办案政治效果、社会效果和法律效果的有机统一。

浙江省检察院"数智案管"系统分析研判模块建设方向是：依托我省政法一体化办案、检察业务系统2.0、移动检务应用、大数据监督系统以及数字化改革的其他部门数据系统，建设以数据归集管理、分析研判为核心的数据智能管控平台，以数据归集流转、监督线索研判为核心的数据综合应用平台，组成数智案管的分析研判模块。具体构建方向是：

1. 数据来源全面汇集

创设嵌入分析指标、提供个性化服务的更好用的报表。以最高人民检察院下发的《检察机关案件质量主要评价指标》为重点，打通报表和案卡，建立支持数据采集集成、数据使用集成，支持批量查询的更灵活的案卡。

2. 专项数据灵活查询

拓展分析研判模型功能，实现对单个数据的不同维度拓展，对关联数据的智能分析，提供相关案件的链接清单。

3. 态势感知

采用均值、中位数、众数等作为阈值，对基础报表数据进行动态分析，通过阈值控制实现趋势预警或异常提示预警提示。

4. 分析报告自动生成

设置数据模型，可按时间、地区维度，区分检察业务领域，图文并茂，研判成果可视化，并可"一键生成"研判报告雏形。

三、"数智案管"试点应用成果和下一步建设重点

在系统建设和推进过程中，浙江省检察院始终坚持聚焦强基导向，以用户需求为视角，广泛实地座谈，征求基层业务办案干警、案件管理人员意见，梳理突出问题及短板，征集切实可行、符合办案实际的解决方案。

在具体建设路径上，以浙江省委数字化改革为契机，开展全省数字检察应用场景创新任务申领。由各基层院参与申报竞评，邀请省院相关业务部门共同参与评审，以基层工作实际为基础，集思广益，确定项目承担院，指定专人参与省院系统设计专班，并进行模拟试点，实时调试、更新系统规则及相关设计。形成省院主导、市院主抓、基层院主责的上下一体联动机制，以点带面一体推动项目建设，实现系统建设完善的可持续性和监督运行的实际落地见效。项目建设过程中，经基层院模拟试点、组织业务骨干集中梳理汇总，第一批已上线覆盖"四大检察"的 200 余条流程监控及数据巡查规则、350 多个案件质量评查点，分析研判汇总完成涉及 3 万多项数据指标的 15 类业务 351 张报表的结构梳理及"四大检察"案件质量评价核心指标分析模型的一二级目录建设。

浙江省检察院"数智案管"系统试点上线以来，已累计有效纠正流程监控近 10000 条、数据巡查 21000 余项（数据巡查系统自 2020 年上线以来已纠正 61000 余项）、筛选评查重点案件 300 余件，各地还就流程监控、数据巡查反映的类型性问题建立完善相关机制，有效实现案件的精准管理和检察办案质效的同步提升。同时，"数智案管"系统因其自动化、智能化、结构化、人性化的建设理

念和精准、即时、高效、便捷的应用实践，成为我省广受业务办案同志和案管同志欢迎的集成应用。

下一阶段，我们将继续贯彻落实《关于加强新时代检察机关法律监督工作的意见》和最高人民检察院案管工作要求，加强检察监督质效和内部监督管控，对"数智案管"进行完善。

（一）流程监控、数据巡查助推法律监督

流程监控、数据巡查的关键在于规则和模型的建立，下一步将丰富完善规则和模型，对监控规则、模型进行系统性梳理，形成办案指引服务业务部门。设置个性化流程监控功能，方便不同地区、业务部门办案需求。对接智慧辅助办案系统，通过流程监控、数据巡查的有效设置，助推法律监督工作开展。比如对逮捕后未移送审查起诉案件的预警，助推侦查监督工作的开展；对有期徒刑缓刑不能低于一年、特殊罪名对罚金刑的要求等，设置判决裁定错误提醒，助推抗诉、再审检察建议等审判监督工作开展，实现双赢多赢共赢。重点集成统计分析功能应用，加强类案监督，强化实效应用。

（二）加大案件质量评查结果运用

对接数字卷宗、检察内卷电子组卷系统，有效解决线上线下办案"两张皮"，既可提高评查效率，也可推动异地线上交叉评查开展。对于多发、典型的问题，反向审视，甄别、研究问题产生的原因，及时发布指导案例进行指引和提醒，发挥结果运用效果。对接检察官业绩考评系统，将评查反映的办案数量、质量、效率、效果等，纳入评查人及被评查人业绩考核中，实现对检察官司法办案能力和水平的综合考量。建立激励机制，根据评查情况，对政治素质硬、业务能力强、办案经验丰富的业务骨干，择优吸纳进案件质量评查人才库等，并作为评优评先的依据。

（三）拓展业务数据分析研判功能

在数据的积累和分析上，对数据进行多维深度分析，深化统计分析功能应用。与流程监控、数据管理、案件质量评查的结果深度融合，相互提质增力。对接外部数据进行碰撞，以数智手段更好实现案管部门业务大枢纽的服务办案、服务决策、服务社会治理的职能要求。对于公众关注的食品药品、环境安全、民营经济、未成年人等热点小专项，可导出在浙江检察 App、浙里办 App 等，可视化展示，方便公众阅读、理解，进而支持检察工作。

经验交流

JINGYAN JIAOLIU

聚焦业务短板弱项　强化数据监管研判
内蒙古多措并举提升办案质效

2021 年 7 月 15 日，张军检察长到内蒙古检察机关调研座谈时，重点通报了内蒙古在全国靠后的刑事检察数据，提出了"查短板、补弱项，抓班子、重管理，重自强、树公信"三个方面重要要求，尤其是针对刑事检察，提出了"下一季度要努力走到 20 位之前、争取 15 位左右"的目标要求。自治区院党组认真贯彻落实高检院工作要求，加强统筹调度和对下指导，努力扭转办案质效不佳的被动局面。

一、 深化业务数据监管和研判，为检察业务高质量发展提供指引、导向

（一） 以评价指标为指引，有的放矢开展数据监管工作

高检院修订后案件质量评价指标更为精简、针对性更强，为提升检察业务质效指明了方向。各指标数据填报的质量高低，直接关系到分析研判的精准性和科学性。为此，我们采取多种措施加强数据监管和审核工作。一是明确数据监管重点及标准。编发《案件质量评价指标数据核查指引》，梳理出评价指标相关的办案流程及案卡填录项目，统一规范相关核查要求及方法步骤，实现数据监管的标准化、流程化。二是建立"日常＋专项"的三级监管模式。全区三级院业务部门数据监管员及案管办数据管理员共同开展日常数据监管工作。在做好日常监管的基础上，自治区院、分市院案管办主要抓好专项检查、督促、整改和指导工作，2021 年自主开展了刑事抗诉及认罪认罚案件数据专项核查，编发核查通报及相关核查指引，通过分析结果、查找原因、总结规律，不断提升数据监管的能力和准确性。三是明晰监管关系与责任，实现监管协同联动。印发《检察业务数据调度使用管理办法》，推动业务部门与案管部门对数据共建共享，理顺业务监管与数据监管的关系，部门自主监管与案管集中监管的关系，力求达到同频共振的协同监管良好状态。

（二） 以预警研判为重点，建立"五位一体"数据分析研判会商工作机制

建立健全"五位一体"业务数据分析研判会商机制，重点突出异常数据提醒和会商，为检察办案提供指引、导向。一是严格落实每月数据预警机制。自治区院案管办每月初，从自身同比升降、全

国排名以及位次变化等多维度，对"四大检察""十大业务"评价指标进行分析。突出对全国排名在20位以后和升降幅度较大的异常指标分析研判，形成书面报告报院领导、送各业务部门，并下发各分市院。二是持续加强全区业务数据调度管理工作。从第三季度开始，自治区院每季度召开全区业务数据通报和调度会，由自治区院党组副书记、副检察长简小文主持，各级院分管业务工作的院领导和全体员额检察官参加，将排名靠后、低于全区平均水平的指标，直接通报到具体基层院和承办检察官，对改进业务工作特别是刑事检察工作提出整改要求、明确提升措施。自治区院各业务部门结合每月业务数据预警，加强条线对下调度和指导。刑事、民事、公益、未检等条线分别组织召开全区调度会，进一步有针对性地加强督导。三是定期开展数据会商深入研判分析。2021年8月6日、11月1日，李琪林检察长先后两次主持召开全区检察业务数据会商会议，会商范围通过视频会议形式扩大到三级院检察长及全体员额检察官，要求个别业务数据落后且对全区影响较大的分市院检察长做整改表态发言。通过不断深化会商形式，逐步形成对标先进、查找差距、完善思路、明确措施的工作机制。各分市院严格落实分析研判会商制度，坚持问题导向，每月开展专项会商，努力提升办案质效。

二、 抓好"三个结合"，推动评价指标延伸应用与考核体系深度融合

深度应用以"案－件比"为核心的案件质量评价指标，将其作为宏观评价业务部门，微观评价检察官的主要依据。一是将对业务部门的考核与业务指标全国排名直接结合起来。修改自治区院业务部门考核办法，将"业务评价指标"在业务部门季度考核分值中的占比从30%调整至70%，从横向全国排名、纵向同比升降等维度考

核十大业务条线评价指标运行情况，倒逼各业务部门加强对下指导，提升本条线的评价指标。二是将对业务部门负责人的考核与业务指标全国排名间接结合起来。自治区院不断修订完善考核办法，将业务部门考核得分的 56% 作为部门负责人业绩考核得分，用于评价业务部门负责人指导本条线开展工作的质效水平，促使其积极全面履职，既要抓好本部门办案质效，又要宏观调度管理好本业务条线办案质效。三是将对检察官的考核与业务指标运行情况结合起来。自治区院党组专门听取贵州系统本地化改造的汇报，要求加快推进贵州省检察官业绩考评系统本地化工作，全面查找、修改其与内蒙古实际不符的考核指标设置、计分规则等问题，组织人员全面梳理各地、各部门的意见建议，并将 12 个新版质效指标纳入对检察官考核中，进一步健全系统考核指标体系，使其更具针对性、科学性，更能有效调动全体检察官的工作积极性，推动检察办案质量、效率、效果指标实现明显改善和提升。

三、 以案件质量评查为抓手，着力破解检察业务高质量发展难题

针对全区撤回起诉、无罪判决、捕后轻免刑等刑事检察指标落后反映出的突出问题，有效运用案件质量评查，紧盯个案质量提升，努力解决制约全区检察业务工作高质量发展难题。一是组织开展末位指标关联案件评查工作。自治区院组织精干力量，对 2019 年 6 月至 2021 年 6 月全区已生效的无罪、撤回起诉、捕后免刑、捕后轻刑、捕后不诉五类全国排名末位的指标相关案件开展专项评查，共评查个案 3101 件，评定合格案件 2597 人，瑕疵案件 447 人，存在一般过失案件 56 人，需要承担司法责任案件 1 人。自治区院党组专门听取评查工作汇报，要求全面梳理评查发现的问题，通报全区整改，对不合格案件严肃追究相关人员司法责任，对五类案件相应

问题突出的分市院开展专项治理整顿。二是针对特定身份人员涉危险驾驶不起诉、定罪免处案件开展评查。对 2011 年以来全区危险驾驶、交通肇事不起诉及免刑四类案件 8857 件 8892 人进行了实地阅卷交叉评查，发现问题案件 415 件 416 人。三是结合检察队伍教育整顿，开展错案评查，严肃追责问责。把提升办案质效作为整治人民群众反映强烈的法律监督虚化弱化突出问题的具体举措，推进教育整顿走深走实。组织开展对 2018 年以来刑事错案评查工作，对涉及的 16 名检察人员进行追责问责。完善司法责任体系，建立领导干部履行监管职责的考评、追责制度，对五类案件评查确定的 6 件不合格案件，已确定责任主体、责任人员，相关人员的追责问责程序已启动。对于案件信息公开不规范造成不良影响、案卡填录不规范影响主要业务数据的承办检察官，已追责问责 30 人。结合建章立制要求，确定建立 18 项检察业务工作规范，包括案件评查、业务数据调度、列席审委会会议等制度，用管长远的方式规范检察办案工作，从源头上防范和遏制不严格规范办案影响案件质效的问题。

在自治区院党组坚强领导下，在全区检察人员共同努力之下，上下一体、齐抓共管，内蒙古检察机关整体办案质效有了较大提升。高检院通报的 60 个指标中，全区 8 月至 11 月位于全国前 20 名指标 41 个，较 1 月至 7 月增加 17 个；位于全国前 15 名 32 个，较 1 月至 7 月增加 15 个。刑事检察 25 个指标中，8 月至 11 月较 1 月至 7 月全国排名下滑的 4 个，提升的 14 个，持平的 5 个。

贵阳市检察机关打造涉案财物"公检法"一体化管理"样板"

为持续深化政法队伍教育整顿成果，切实解决过去涉案财物分散管理普遍存在的财物扣押难、移交难、保管难、处置难等问题，进一步提高涉案财物规范化管理水平，在省委、市委和省检察院坚强领导下，贵阳市检察机关切实提高站位，强化担当，守正创新，能动履职，加强与公安机关、人民法院的协作配合，积极探索建立跨部门涉案财物集中管理新模式，推进涉案财物管理科学化、智能化、专业化，打造涉案财物"公检法"一体化集中管理的贵阳"样板"。

一、 加快"仓储"建设，实现集中统一智能管理

2021 年政法机关开展教育整顿期间，贵阳市乌当区在全省率先建立"刑事司法涉案财物管理中心"，集中统一保管公检法三家单位的涉案财物，为贵阳市探索建立涉案财物"公检法"一体化管理

拉开了序幕，随后清镇也开启"跨部门涉案财物管理库管中心"建设。乌当"刑事司法涉案财物管理中心"占地 1600 平方米，分为上下两层，上层设有物证监督管理中心、远程示证室、大型涉案财物保管区、小型涉案财物保管区、生物证据保管室、枪弹物品保管室、电子物证保管室、常规物证保管室、贵重财物保管室、易腐蚀化学物品保管室 10 个功能区，下层为扣押车辆保管场所，共 46 个车位。管理中心对所保管的涉案物品实行一物一码，登记入库、出库均使用系统管理，采用 24 小时全天候、全方位、无死角视频监控，实现分类合理、功能齐全、管理规范的智能化涉案财物保管要求，有效提升涉案财物管理效能。通过对涉案财物的跨部门、集中式管理，全面落实办案与保管相分离的原则，进一步促进办案部门与涉案财物管理部门、办案人员与保管人员的相互监督制约。

二、 建立健全机制，强化全流程监管防范

为规范使用涉案财物集中管理平台，严格依法对涉案财物进行登记保管、提取调用、监督检查、移交处置等，贵阳市检察院坚持制度标准先行，与市公安局、市法院联合制定《贵阳市政法机关涉案财物管理办法（试行）》《贵阳市政法机关涉案财物管理平台流程规范（试行）》《贵阳市政法机关刑事诉讼涉案财物先行处置工作规范（试行））》等制度机制。贵阳市各基层院，如乌当区检察院制定《刑事诉讼涉案财物管理制度（试行）》《涉案财物管理平台角色权限划分》《涉案财物管理平台使用规定》《涉案财物管理平台使用细则》等制度机制，对进入检察环节的涉案财物保管、涉案财物信息录入与流转、涉案财物处置、涉案财物管理监督等明确了更加具体的要求，进一步完善涉案财物的管理机制、管理方式和处理程序，确保涉案财物统一保管安全、处置合法。该院同步加强智能化建设，对涉案财物管理处置各个环节设置风险点，通过平台管理及时

预警提示，实行全过程监管防治。

三、 实行"换押"流转，确保协作高效管理

加强对"公检法"涉案财物集中统一管理，实行案件移送、物品不动的模式，实现涉案财物"换押式"流转。乌当区自公安机关移送审查起诉到检察机关，再由检察机关提起公诉至人民法院判决为止，涉案财物均保管在同一场所，减少了涉案财物随案出库物品磨损、人为丢失等风险。按照"谁管理、谁处置"的原则，根据案件诉讼环节和处理情况，分别由公安机关、检察机关、人民法院对涉案财物作出返还发还、随案移送、先行处置、拍卖变卖、收缴销毁等具体处理意见，并按照相关审批程序，在法定期限内对在涉案财物集中管理中心保管的涉案财物进行统一处置，形成了涉案财物从进入政法机关集中管理平台入库保管到依法出库处理的规范闭环。截至目前，受理公安机关移送审查起诉的案件以及向人民法院提起公诉的案件，已有 20 余件涉案财物由乌当区涉案财物管理中心统一保管。

四、 开展专项清理，推动规范有序处置

贵阳市检察机关把"推动涉案财物规范化处置"工作作为"我为群众办实事"的重要抓手之一，2021 年 6 月至 10 月开展了贵阳市检察机关刑事诉讼涉案财物专项清理处置工作。经清理，2021 年 4 月 30 日前贵阳市检察机关查封、扣押、冻结或者监察、公安等其他机关移送的所有在库保管、超过处置期限的涉案物品有 194 件，检察专户涉案款有人民币 338.2896 万元。全市涉案财物全部实现"清仓见底"，取得显著成效。其中，乌当区检察院对罗某某、施某某等 3 人贪污、受贿案涉案财物监管案作为涉案财物典型监管案例被省院发布，该案例同步在最高检微信公众号转发。同时，贵阳市检

察机关加强与文物部门联动，探索建立涉案文物移送博物馆永久收藏机制，切实推动涉案文物保护。

下一步，贵阳市检察机关将全面总结提炼涉案财物"公检法"一体化集中管理经验，积极主动向市委、市委政法委和省检察院汇报并争取支持，同时强化与公安机关、人民法院的联动协作，规范涉案财物一体化集中管理平台建设标准，以点带面，在全市全面推广涉案财物集中管理模式。另外，从全市层面积极探索建立完善涉案财物"公检法"一体化管理制度机制，规范涉案财物移送、保管、处置等各环节工作，强化软硬件配套建设，推动实现涉案财物集中、统一、高效、规范管理，切实保障当事人的合法权益，提升人民群众满意度和司法公信力。

案管人物

ANGUAN RENWU

案管新时代的无悔追梦人

——记山西省检察院案件管理办公室统计员王拥政

王拥政同志，来自山西省院案件管理办公室，在省院工作 33 年，从事统计工作 22 年，其中，连续 11 年独自一人承担办公室统计工作。王拥政同志牵头参与了统计 1.5 和统计 2.0 研发工作，被最高检荣记个人一等功，被中共中央、国务院授予"全国先进工作者"，建党百年之际被山西省委授予"全省优秀共产党员"，被省直劳动竞赛委员会两次授予"山西省直机关五一劳动奖章"，被省直工委两次评为"优秀共产党员"，被省人社厅和省院评为"全省检察机关先进个人"，等等；先后三十余次在广东、江苏、天津、湖南等二十多个省市的案管业务培训班、统计培训班上讲课，三次被国家检察官学院邀请担任授课老师，先后两次在高检院组织的电视电话会议上，面向全国检察机关案管、技术条线上万人进行在线授课；参与编写全国《检察机关统一业务应用系统操作指引手册》系统丛书，承担全国《检察机关统一业务系统填录标准和说明》的制定，应约编著出版的《检察统计实务》一书由中国检察出版社出版并发行至全国。王拥政同志个人事迹先后被《检察日报》《山西日报》《山西法制报》等平面媒体专题报道，接受过山西电视台、黄河电视台的专题采访；在高检院案件管理办公室成立十周年之际，作为地方代表向高检院童建明副检察长和案管办作了"不忘来时路，创造新业绩"主题汇报。

立足本职，认真做事

王拥政同志是 1988 年参加工作的，高中毕业后直接就到了省检察院。他刚参加工作时，办公室老主任就对他说，干一行要爱一行，爱一行要钻一行，钻一行要精一行。这些话，可能很多人听得耳朵都磨茧子，但他真的是听进心里了。他觉得，人这一辈子，从事什么职业、在什么岗位、得到什么"身份"，不是任由自己选择，但他能够选择是不是用心去做！

身兼数职，加班加点是常态

王拥政同志到省检察院工作 33 年，在统计岗位上干了 22 年。在 2010 年山西实行案件集中管理之前，统计工作也归办公室管，王拥政同志所在的统计科成立于 1985 年。2011 年之前的 16 年里，这个科少的时候有两人，多的时候三四人，有大学生，有转业干部。2001 年王拥政同志接手这项工作后，做这项工作的实际就是他一个人，连续 11 年他独自一个人承担山西省院的统计工作。虽然是一个人在干活，但他从来没有抱怨过，也从没有耽误过高检院和省院安排的工作。并且在他负责工作期间，高检院办公厅每年下发的全国数据质量通报中，山西基本上处在前 10 位，最好成绩是全国第二，高质量地完成了统计工作。

在现在的业务系统部署前，统计工作的确是一个"拴人"的活。单说每月一次的报表汇总报送，从上月的 26 日到本月的 10 日，这十几天就是规定的报表审核、汇总、报送的全部时间。各院在每月的 26 日就开始填案卡、做报表，月底县院报送到市院，市院汇总审核后来月 2 日前必须报到省院，省院 10 日前必须报到高检。少一个县，全省、全国的数据就汇不起来。所以，报送时间不仅坚决不能延后，甚至还要提前，关键、重点数据不敢有错漏。报表报上去，任务还不算完成，必须在岗待命，随时接收上级的修改通知。没有联机联网，一个数据出现错误，全国四级院就要联动手工修改，所以常常是人盯人、事赶事。在当时办公室各科室里，统计工作上下沟通最紧密，人员往来最频繁，工作感情也最深。

20多年来，王拥政同志审核的报表不少于2万张，纠正的数据问题不下20万条，反馈的司法办案不规范问题超出3000个。除了报表，他还要参与对全省检察统计工作的指导、管理，统计分析、专报、小台账等资料的定期编写，年年如此，月月如此。他曾经连续16年没能休过假，有1000多个工作日在加班。不是他不想休假，的确是时间和任务不允许。2016年研发统计子系统，高检院连续借调他4次，超过最高次数不能借调了，就办抽调手续，一年多的时间里，他几乎没有休息过，回山西也是因为公事，前后时间加起来也只有一个多月，其他时间要么奔波在上海、南宁、成都的开发场所，要么坚守在北京编制需求。现在分析研判、业务会商使用的近200张报表是他一格一格设计出来的；近万张的报表列项指标是他逐项编制出来的；上百张报表的生成定义他在系统后台直接上手编写的；鼠标点击一下就能展示出10年的数据、通过数据就能链接进入办案流程等实用功能，也是他提出的设计需求。那一年，年近50的他和几个年轻的工程师天天加班到晚上10点才回宾馆，经常熬到凌晨。之所以这么辛苦，就是为了确保2017年1月统计子系统能够如期上线。他曾经说："其实，干检察统计的，就没有不加班的，好像就是天经地义的事。地方如此，高检更是如此。我被高检借调、抽调不下十来次，无论哪一次，无论待多久，就从来没有看见过案管办不加班的。周六、周日总能见到处长们在加班。尤其是数据处，从处长到处里的同志，工作日八点前就回不了家，周六、周日总有一天要在机关，始终以这样的工作作风一任接着一任干、一棒接着一棒传。"他说的没错，每年来最高检参加轮训的地方同志都私底下感叹，在这里真的能感受到"最高"的工作压力和强度，案管工作、检察事业的发展就是靠着这样的一批人在支撑、在推进！

敬畏工作，有压力更有动力

王拥政同志是 2001 年接手统计工作的，属于半路出家。当年从高检院到任山西的领导，第一件事就是机构改革，力度空前。人员双向选择，留在原来部门的不能超 30%，70% 的人要流向别的处室。第一轮双向选择后，待岗的就有几十人，集中培训 3 个月后第二轮双选，仍然有一些同志没得到岗位。按照当时政策，这些人可以选择调离、提前退休或者辞职！这些人里有军转、有干部，有的同志蹲在检察长办公室门口抱头痛哭，有的同志为了重新得到一个岗位到处央求，那个时候，王拥政真正感受到唯有踏踏实实工作，清清白白做人才能有自己的一席之地。当时，干统计的两位同志有往出交流的意愿，办领导也没表达挽留之意，便先后离去，统计工作突然就没人干了。王拥政同志当时在秘书科，领导觉得他平时工作态度认真，就让他先试着干，看能不能接下这个活。说实话，在当时双向选择局面下，突然接手这项工作，他真的底气不足，心存敬畏、如履薄冰，生怕因为数据出了问题被领导批评、被高检院通报。其实，内心更多的是怕辜负领导对他的信任，怕因能力不行而给领导带来不会用人的恶评。

接手统计几个月后，王拥政同志陪当时分管主任到高检院汇报工作，时任办公厅统计处郭瑞华处长见山西工作已换人，而且只有一个人干活，还挺惊讶，说："没觉得山西换了人，确实挺不容易！"领导为什么有这样的感叹？因为从经验来讲，省级院统计工作如果全换成新人，一般数据质量会明显下滑，但山西没有。那么，为什么山西没有？因为，王拥政同志从来没认为统计只是加加减减的简单工作，他认为数字背后都是一个个鲜活的案子，只有把数字搞准，把死数字变成活资料，才能真正发挥统计工作的价值。刚接手这项工作时，留给他的就是一份清单、两台电脑、一堆资料，基本没有传帮带。于是，白天，他就趴在电脑上熟悉软件，抓住市院统计员来省院送报表的机会，请吃饭，请他们当老师，虚心求教；晚上，就把资料带回家，连续几个晚上躲到自家阳台上，关上门、泡上茶、不睡觉，通宵达旦熟悉资料、学习制度、掌握报表。他这样做的目的也很简单，就是不想让别人看不起，不想让别人说干不了，不想辜负领导对他的期望！

用心琢磨，尝试创新

一个人做一项工作，干得久了，可能有两种感受，一种是没有新鲜感了，总想接受新挑战；另一种是日久生情，渐渐热爱上这份工作，王拥政同志属于后者。

在有些人眼里，统计就是和数字打交道，不是填数字，就是查数字，简单、枯燥、重复，缺少创造性，没有含金量。但在王拥政同志眼里，统计工作充满了挑战，充满了乐趣，只要深入进去，用心钻研，哪个环节都大有可为。比如，业务有需求就要考虑如何去实现，数据不准确就要研究怎样去解决，数据有异常就要排查办案是否存在问题，分析研判在定期开展中如何改进、创新，等等。

能动性地使用审核纠错工具提升数据质量

数据质量始终是统计工作的生命线，数据不准，分析研判就好比沙滩上盖楼，迟早房倒屋塌。王拥政同志从事统计工作这些年，用过的统计软件有 AJ2003、AJ2013 和统计子系统，另外还有人民监督员系统、统计专报系统等小软件。报表从最早的 28 张，逐渐增加到现在的 200 多张，数据量从早前每个月 20 万个单元格，增长到现在的 400 万个，报表越来越多，数据量越来越大，数据质量问题也越来越得到重视。

说到统计软件，就不得不提到 AJ2003 统计系统，这套软件是 2001 年开始研发、2002 年测试培训、2003 年正式部署的。正是 AJ2003 这套软件，开创了检察机关使用案件登记卡采集信息，再生成报表的数据统计模式，之后的 AJ2013 统计系统、业务系统 1.0、1.5、统计子系统，直到现在的业务 2.0、统计 2.0，仍然继承了这一模式。据王拥政同志回忆，当时高检院办公厅的决策是立足当下、谋划长远、高瞻远瞩，这种当时的静态信息采集模式沿用到现在的动态办案系统中，用实践证明了它是符合信息化建设规律的，是符合现实条件的，也是符合工作实际的。他曾经总结到，检察机关信息化建设，是统计先行。2001 年，他接手统计工作，当时全省检察机关只有 5 台电脑。省院有 2 台，12 个地市中只有 3 个市院各有 1 台，全都用于统计工作。而全省检察统计人员基本是"电脑盲"，连鼠标都不会用。正是 AJ2003 系统的强行推广，才真正让检察统计工作生出了信息化的翅膀，从而推动了检察信息化建设。在当时的条件下，AJ2003 系统推广实属不易，各地财力紧缺，山西 70 多个县院电脑都是赊回来的。对于国家级、省级贫困县，高检院协调开发单位免费提供软件，山西有 50 个院是开发单位免费提供软件，超过了基层院的三分之一。硬件，开发单位没办法免费提供，大家就只能八仙过海各显其能，有赊的、有攒的、有借的，五花八门，但目标只有一个，就是在 2003 年 1 月 1 日前，必须硬件、软件到位。至于新疆、西藏，不少地方"有电没脑""有脑没电"，只能就近部署集中使用。可以说，AJ2003 统计系统，开创了检察统计工作的里程碑，引领了检察信息化建设！这套系统，也是中直国家机关早期、极少数地实现了在全国四级单位统一研发、统一部署、统一应用的统计系统，而且平稳运行了十年之久，直至 AJ2013 统计系统的诞生，为检察统计工作立下了丰功伟绩。

2006 年以前，统计人员进行数据审核，主要是靠人工，用的是笨办法，逐张表、逐张卡地翻检、核对，费时费力，哪个省的人多、下的功夫多，哪个省的质量相对就好一些。在山西，凭着一股子干工作的狠劲，即便是王拥政同志一个人，数据质量也接连好几年在全国排名前列。2006 年底，山西省突然就掉出前 10 位，排到第 12 位。一了解，原来是有部分省配备了数据检测工具，审核起来事半功倍。据同事回忆，王老师当时表态，别人有的好东西他们也得有，山西不能这么差！凭着骨子里的不服输，他们马上部署检测工具。不仅如此，他还通过总结日常发现的问题、高检院通报的异常情况和自己梳理出的有关法律规定，先后归纳、提炼出近 200 个重点审核内容，设定成检测软件的审核规则，让机器代替人工去发现错误。这对提高数据质量立竿见影，一些兄弟省院听说他设置了规则，纷纷来讨要，他没有藏私，向高检院提供后，逐步推广到了全国。

王拥政同志后来能够参加高检院的业务信息化建设，就是与 2005 年至 2009 年期间狠抓数据质量取得的成效有关。在 AJ2003 统计软件实现了全国全面推广部署，解决了有没有工具的问题后，好不好用就提上了日程。当时高检办公厅领导对数据质量空前重视，从 2006 年开始连续 3 年狠抓数据质量，每月下发数据异常清单，每年进行数据质量通报，研发统计纠错工具，开展集中核查，密集统计培训，一整套工作机制就是那个时期建起来的。王拥政同志记得，2006 年全国统计培训会上领导讲完话，各省参会人员纷纷感叹，大家只知道低头拉车，很少抬头看天，原来他们干的工作竟然可以上升到这样的高度去认识，竟然有如此深的理论分析和现实意义！领导的讲话真正地触动了全国检察统计人员的内心，提振了大家干好统计的信心，坚定了大家的决心。2006 年之后，各省统计人员对数据质量的重视，形成一种近乎偏执的质量攀比，那一时期养成的报表与反查案卡数字必须一致、关键数据错误一票否决、无限追求零差错，等等，较劲的工作态度一直延续至今。

到了研发 AJ2013 统计软件时，为了提高信息采集质量，王拥政同志在两个方面下了大功夫，一个是校验工具的建设方面，另一个是填录规则设计方面。尤其是在设定具体规则时，三伏天里他一个人钻在上海的开发场所，吃住在那儿，光着膀子白天黑夜连轴干，沉浸其中，乐不思蜀，一个月里在后台设定了上千条填录控制，把能想到的、能控制的全都做进去，想方设法把出错的概率挤压到最小。这 1000 多条规则加进去，对于当时静态采集模式下，减少案件信息填录错误，有效保障数据质量发挥了极大的作用！系统部署全国后，统计战线同仁的审核压力骤然减少，数据质量大幅提升，纷纷叫好。2013 年一开年，一篇篇承载着检察机关贯彻落实修改后刑诉法工作成效翔实数据的分析报告呈送领导案头，得到领导一次次批示，这一刻，他的付出终有回报！

统计子系统数据量大、数据问题也多，一些关键、敏感数据出现差错就可能影响决策判断，高检院案管办曾经专门通报过几次。为了少碰这些红线，不踩这些地雷，王拥政同志在山西利用系统规范性验证功能，设立了300多条检测规则。比如一旦出现黑恶保护伞、涉医犯罪、涉外犯罪、金额过亿等易错或敏感信息，就会自动拦截提示，统计人员必须审核确认后才能生成数据。高检院几次下发问题通报，涉及山西的很少，他在现有条件下凭借发挥自身能动性，取得了实际成效。

统计衔接先行先试，为全国检察机关作出示范

所谓统计衔接，就是在业务系统和统计系统两个软件之间打通关节，实现统计系统能够从业务系统中直接抽取办案信息，然后自动生成统计数据。最初，要不要搞统计衔接、什么时候搞，高检院案管办态度不是很明确，时任领导曾经先后4次向王拥政同志专门了解统计衔接是否可行，到底有多大困难。王拥政同志能够感受到领导的顾虑，也是要了解他的信心是否足够。在全国检察统计战线，只有王拥政同志同时参与了两套系统的建设，业务系统4000多个项目与统计系统900个项目的对接规则是他亲手设计的，没人比他更清楚中间存在的问题。他得知，自己挖下的坑，他不跳谁跳?!硬着头皮也得干！当时，山西面临的状况是没有技术文档、指导资料，没有服务器，没有数据库，也没有任何经验可以借鉴，就是白纸一张。高检院给了山西很大的支持，协调开发单位给予技术保障，允许暂停报表3个月。同时，山西省院领导大力支持，技术、计财部门全力配合，一切都是特事特办！硬件、软件先用后买。后来，有些省说山西是第一个吃螃蟹的，他笑称螃蟹还能吃，他们是第一个挖地雷的，搞不好就会受伤！因为一旦衔接不成功，前期他

们付出的辛苦将付之东流，业务系统的应用效果肯定会打折扣，高检院的威信也会受影响，而他自己更是有负领导信任。

所以，临近春节前10天，山西举办了全省统计培训班进行总动员，告诉大伙他们面临的困难，可能连年都过不好，要做好打硬仗、吃大苦的心理准备。实际衔接工作开展起来后，市、县处于同一起跑线，市院没能力分担省院的压力，县院有问题直接就向省院反映。困难比预想的还要多，填录不准、规则有误、系统故障乃至网络中断等诸多因素交织，问题层出不穷，而且常常找不到头绪。王拥政同志和另一位同志的电话几乎天天都被打爆，常常是一个电话接下来，就显示有十几个未接电话，一天一百多个电话是平常事，晚上12点也有电话！办领导、处领导经常电话催问进展情况。即便如此，他们确保问题反馈渠道畅通，向全省公开电话，24小时在线，有问题必处理，有反映必回复，鼓励基层大胆试错，联动分析、认真总结。经过3个月的日夜奋战，王拥政同志牵头的团队顺利完成任务，向高检院交出一份圆满的答卷，统计衔接任务完成。他们还编写操作手册、技术文档和问题解答汇总报送高检用以指导全国。因为从开始设计到最终实现，他都亲身参与了这次创新实践，思考多、付出多、收获多、有心得，所以在统计衔接任务完成后，他用3个小时一口气写出6000字的《有效实现统一业务应用系统统计功能的实践思考》，文章刊发在《人民检察》，在高检院组织的理论征文中评为一等奖。正是因为他们的付出和努力，工作成果被《检察日报》头版头条刊载，经验被高检院转发，团队还在全国首届案管会议上进行了经验分享。

据王拥政同志回忆，统计衔接的突出成效有几点，一是实现从业务系统中转化出统计数据并以此来决策、考核、通报，极大地助推了业务系统的全面部署和全员应用；二是推动了业务系统案件流程、项目、填录控制的进一步完善，为系统规范化应用发挥了积极作用；三是用实际案件为接下来的统计子系统研发作了技术验证和技术储备；四是促进了全国检察统计人员学习、掌握案件流程，避免了办案与统计之间的脱节，为统计子系统研发部署储备了人才，打好应用基础。

自从统计衔接工作后，高检院和其他省的同志常称呼他"王老师"，但他认为，真正的老师在基层院，没有他们的大胆试错，没有他们的艰辛努力，统计衔接这个标杆不可能在全国树起来，成功的经验也不可能在2015年被高检院推广到全国。

地方专栏·江苏

DIFANG ZHUANLAN · JIANGSU

对标"1235" 创新"案管十化"建设 以实际行动推动检察工作高质量发展

赵志刚[*]

2021 年，高检院召开全国检察机关第二次案件管理工作会议，提出了"1235"总体思路："1"，指的是案管部门作为检察业务工作中枢的一个职能定位；"2"，指的是监督管理和服务保障两大主责；"3"，指的是树立科学管理、能动管理、智能管理三个工作理念；"5"，指的是要建立业务指导、业务评价、业务管控、外部监督、业务保障五个体系。江苏在深入学习领会的基础上，因地制宜、对标对表，一以贯之推进"十化"建设，努力以案管工作高质量发展服务保障各项检察工作高质量发展，为检察工作"质量建设年"作出案管贡献。

分析研判实用化。坚持把业务数据分析研判会商作为案管部门中心工作，强化数据治理意识，立足数据集聚优势，对勾画刑事犯罪"地图"、服务保障企业发展、知识产权保护、生态环境保护等开展专项分析，提高数据收集分析的主动性，力争形成更多更有分量的分析研判报告，为检察工作融入经济社会发展大局提供决策支持、数据支持。加强对基础业务数据、核心业务数据和案件监管数

---

* 江苏省人民检察院党组副书记、副检察长。

据的研判分析和日常通报，深入挖掘各类数据特别是异常、变量数据背后隐藏的司法办案特点、规律和发展变化，提供更加主动、更具前瞻性、更务实有效的参谋服务。

业务评价科学化。优化完善以"案－件比"为核心的案件质量评价指标体系，区分达标性指标、竞争性指标、引导性指标、负面清单、贡献度等，通过关联数据建模、设定权重系数、指标动态调整等方式，提升对设区市院综合考核的精准性、权威性。针对检察官、检察官助理、书记员三类人员不同特点，坚持精简实用、操作便捷原则，最大限度地体现上级考核导向、还原真实工作场景、推动考核结果转化。同时，综合利用信息化手段，升级考核平台，确保考评指标可采可信。

预警提醒实时化。加强检察机关与公安、法院、案管部门与业务部门之间定期横向沟通联络机制，针对重点案件、重点数据开展核对研判。构建案件质量动态预警管控体系，畅通对法院审委会、下级院检委会信息获取渠道，及时了解重点案件讨论、处置情况，及时传递业务部门开展分析研判。对无罪、经评查确认有问题的撤回起诉、法院退回、判决减少罪名等案件逐案复盘分析，会同业务部门定期开展案件检视会，重要线索及时移送检务督察部门开展追责问责。

流程监控全面化。对照高检院的《人民检察院刑事案件办理流程监控要点》，将省院自主研发的案管大数据平台流程监控模块嵌入检察业务应用系统2.0，调整、删除、新增监控规则，力求规则更新及时、覆盖全面、务实管用，推动流程监控程序化、文书化、规范化，努力实现刑事案件监控自进至出全程无缝对接，内容涉及办案程序、文书制作、权利保障、系统填录等各办案节点的流程监控体系。逐步拓展到民事、行政、公益诉讼检察，真正做到流程监控全覆盖、全过程、全留痕。

　　质量评查办案化。巩固深化全省跨市按罪名专业化评查工作机制，发挥评查指引作用，聚焦常见罪名，实现工作标准化、开展常态化、评查办案化。重点围绕事实认定、证据采信、法律适用等实体问题，以评查"杠杆"推动办案高质、监督高效。组织3－5个具备条件的基层院开展"办结的每一起案件，原则上都要进行质量评查"试点工作，先期以危险驾驶、交通肇事案件为突破口，探索研发智能化评查软件，解决传统人工做不到、做不好的事情。

　　检务公开实效化。提高站位，从全新视角稳慎推进案件程序性信息、法律文书、业务数据、重大案件公开工作，正确履行案管部门主体责任、监管责任，确保公开、及时、有效、安全。突出重点案件、重点问题，通过交叉评查、飞行检查、"回头看"等方式，持续巩固已公开法律文书专项清查成果。优化完善案件信息公开审批流程，明确不同情形处理方式，落实各层各级各环节工作责任。深入研究检务透明度指数，坚持能公开尽公开。

　　权利保障精细化。依托案管大数据平台，加强对权利保障工作的提醒预警，强化承办人的权利保障意识，推动办案检察官尽可能在法律规定的时间内完成相应保障事项，最大限度地减少权利保障不及时、不到位等问题。从保障律师执业和满足人民群众需求出发，积极稳妥推进权利保障方式的探索，加大电信网络、短信微信等告知方式的探索总结，健全制度，制定不同告知方式的文书，规范告知行为、内容和程序，做到告知情况有据可查，形成具有江苏特色的多元化告知方式。

　　公开听证规范化。认真学习《人民检察院听证员库建设管理指导意见》，突出广泛性、专业性、权威性，加强省、市两级院听证员库建设，合理确定听证员库人员规模和专业结构，开展分类管理。注重源头数据质量，指导各业务条线加强听证工作的案卡填录、信息录入，力争做到底数清、情况明。将检察听证作为加强外部监督的有效形式，重点突破、均衡发力，真正将"全过程人民民主"融入"四大检察""十大业务"。

政法协同体系化。落实《中共中央关于加强新时代检察机关法律监督工作的意见》关于"完善检察机关与行政执法机关、公安机关、审判机关、司法行政机关执法司法信息共享，全面提升法律监督质量和效果"的要求，认真开展对我省政法协同平台建设中遇到的困难和客观问题的分析研判，加强与省级政法单位沟通协调，推进政法业务协同二期建设，全面推动电子卷宗规范制作，持续推行网上协同办案，以"全国检察机关大数据法律监督模型竞赛"为契机，推进共享数据的汇聚、治理和应用。

队伍建设专业化。坚持政治引领，不断提高政治判断力、政治领悟力、政治执行力，推动党建与案管业务深度融合，始终保持正确发展方向。树立案管人是"全才"的观念，既做好"专科医生"，也做好"全科医生"，既懂办案业务，又懂综合管理，还会调研分析，努力培养全面过硬的高素质案管队伍。在学中干、干中学，深入开展业务培训、专题培训、小课堂培训等工作，同时采取跟班学习、挂职锻炼、岗位练兵、检查评比等方式加强岗位素能实践锻炼，提升案管队伍实战能力和专业化水平。

检察业务数据参与社会治理问题研究

胡昀晖　曹华雯　牛治国[*]

目　次

---

　　* 胡昀晖，江苏省人民检察院案件管理办公室主任；曹华雯，江苏省无锡市人民检察院案件管理办公室主任；牛治国，江苏省无锡市新吴区人民检察院案件管理办公室检察官。

科学技术的进步和工具理性的进化，使得"技术治理"成为社会治理的有机组成部分和重要形态特征。检察业务数据参与社会治理工作，是犯罪治理等治理方式在信息社会的新发展，也是综合治理总体政策在数字文明时代的具体展开。① 随着移动互联网的普及、云计算等技术创新的进步，检察业务数据的应用价值不断提升，已逐步深入社会生活的方方面面，包括法律文书检索、重大案件信息发布、程序性信息推送，等等。尤其在新冠肺炎疫情防控期间，检察机关及时公开涉疫案件信息，在依法及时严惩妨害疫情防控犯罪、保障社会安定有序、预防犯罪等方面发挥了不可替代的作用。检察业务数据已成为提升社会治理现代化水平的重要工具，其在权力制约、权利保障、公益代表等社会治理方面具有独立的效率、正义、秩序价值，是"治理型司法"② 的必然要求和应有之义。

一、 检察业务数据参与社会治理的逻辑展开

（一） 检察业务初始内涵及数据样本

1. 检察业务数据初始内涵

检察业务数据是社会治理的生产要素之一，"四大检察"业务是数据的生产者。用数据表征、用数据治理、用数据参谋、用数据创新，是新时代检察机关推动资源整合、提升治理能力的有效工具和必然选择。检察业务数据是指检察机关在履行审查逮捕、审查起诉、法律监督、公益诉讼等职能过程中，记录收集的反映检察业务工作情况的司法数据。检察业务数据必须以业务为中心，并辐射业

---

① 单勇：《犯罪之技术治理的理论内涵》，载《国家检察官学院学报》2020 年第 3 期。

② 李红勃：《通过政策的司法治理》，载《中国法学》2020 年第 3 期。

务以外的其他非业务因素，才能保证业务分析的客观准确性。①

2. 检察业务数据样本

检察业务主要数据和样本来源于检察业务应用系统。从"人"的角度看，有人口学特征数据和行为学特征数据。人口学特征数据主要指案件当事人基本信息，包括当事人姓名、性别、身份证号码、家庭住址、工作单位、文化程度、联系方式等；行为学特征数据主要指犯罪手段、犯罪行为和方式方法等信息。从"案"的角度看，有程序性数据和实体性数据。程序性数据主要指案件基本信息和诉讼流程信息，包括案件名称、案由、案情、是否涉疫、涉民营企业、受理日期、审结日期、线索移送、执法风险评估、文书公开等；实体性数据主要指案件实体信息，包括案件审查情况、罪与非罪、此罪、彼罪等。

（二）检察业务数据模式构建与研判方法

1. 模式构建的体系要求

要有立体化社会治理的整体思维，加强检察业务数据参与上下治理的立体思维模式，加强数据的整合调配，从区域范围扩展到市域范围，再到全省甚至全国范围。要有多元化社会治理的全局观念，积极应用于检察业务数据参与社会治理上。"四大检察"业务面对社会的方方面面，在参与社会治理过程中必然要采取多种途径和手段。要有系统化社会治理的理念方式，全面把握数据分析点，引入现代治理理念和方式，探索司法阶段民间社会私力化干预路径，建立风险防范机制，建立循环可复回的轻罪治理流程，实现公力与私力相互补充、融合的系统化治理。

---

① 冯丽君：《如何用好检察业务数据，有"心"有"意"方能做好业务数据研判》，载《检察日报》2021 年 7 月 16 日。

2. 研判方法的创新要求

社会治理需要更多的要素资源推动改革、深化创新，而大数据为社会治理带来机遇。随着大数据的发展，样本的广泛性和数据资源的可获得性更为便捷，检察业务数据分析研判不再依靠局部抽样或个案研究作为预判整体的依据。综合统计分析报告、专题统计分析报告等分析形式越来越多样，逻辑思维方法、数量关系分析方法、对比分析方法、动态分析法等分析方法也均可便捷呈现。检察机关能够搜集更为丰富多元的业务数据，获取社会治理近乎全样本的研究对象及其所产生的行为数据。在此基础上对检察业务数据进行分析处理，可以对社会问题进行整体研判，将数据优势转化为经济社会发展优势，产生科学、客观的研究成果。

（三）检察业务数据赋能社会治理内核

1. 检察业务数据参与社会治理的可行性

将检察业务数据同社会治理深度融合、运用检察业务数据解决社会治理问题顺应时代发展的必然趋势。检察机关作为法律监督机关，办案是参与社会治理的主要方式，而检察业务数据作为办案信息的数据化载体，是办案过程及结果的数字呈现，具有参与社会治理的天然优势。检察业务数据与社会治理有着内在的耦合关系，两者化解矛盾风险的目标一致。社会矛盾风险的稳定防范与化解，既是推进社会治理现代化中的一项重要内容，也是社会治理的重要目标。对于检察业务数据而言，防范化解矛盾风险、促进社会公平正义、确保社会大局持续安全稳定均系其重要的信息采集点。基于刑事、民事、行政、公益诉讼检察的职能定位，检察业务数据通过采集履职中打击暴力恐怖犯罪、黑恶犯罪、处理群体性事件、维护食品药品安全和环境领域安全、规范网络行为发生的业务信息，在参与社会风险的防控化解中积极作为，成为融入社会治理进程的重要方式。

2. 检察业务数据参与社会治理的必要性

检察权运行所伴随的程序性，蕴含了以量化机制和流程转换增强司法组织目标、提升治理效能的技术化诉求。检察业务数据参与社会治理，不仅在犯罪治理、公共利益与权利保护方面，而且在法律监督与提升权力信任等方面都体现其独立价值。如在"正义以看得见的方式实现"方面，推动法律文书、案件程序性信息公开工作，建立典型案件通报机制，针对特殊时期新类型案件频发现象，及时发布预警动态，贯彻"谁执法、谁通报、谁普法"的责任制，是获取社会公众对检察工作理解与支持的重要方式。检察业务数据的专业性、规范性是检察机关参与社会治理的基本属性，其在提升系统治理、依法治理、综合治理、源头治理效能方面具有结构意义和比较优势。

二、 检察业务数据参与社会治理的当前困境

（一）检察业务原始数据质量不高

1. 信息数据碎片化

"全数据"是大数据最基本的方法论之一，[①] 数据量的全面、完整与否，直接决定应用结果的科学性和准确性。检察业务数据经历了手工形式统计到信息化统计模式，由原先业务部门静态采集到现在"四大检察"各办案环节一体化动态采集，业务数据采集渐趋成熟。但依赖检察业务应用系统的数据抓取也存在新的问题，信息填录不完整、不规范、不及时的情况依然存在，业务数据碎片化、无结构化问题依然存在。

---

① ［英］维克托·迈尔－舍恩伯格、肯尼斯·库克耶：《大数据时代》，盛扬燕、周涛译，浙江人民出版社 2012 年版，第 39 页。

2. 数据信息化程度低

检察业务数据主要来源于案卡信息，有些办案信息并非没有掌握或无法填录，而是缺少将其转化为可复制、可统计的电子数据的技术手段，导致统计时需要逐案手动"翻译"为量化数据。如未能对法律文书中碎片化信息的自动抓取等情况，导致无法全面从纷繁复杂的刑事诉讼各个环节提取出检察官办案情况、证据比对、案件评查等相关数据集。[①]

3. 数据覆盖面局限性

检察业务数据依赖于案卡的准确填录，数据覆盖面存在局限。如案管部门对受案环节、业务部门对审查环节、文书流转环节的关联案卡是否"应填尽填"和"能填尽填"，直接影响数据采集的完整性；又如一些案卡下拉选项类型有限，虽设置了统计选项，但实际填录时因下拉类型有限，且当难以归入其中某一类时，"其他"项大概率成为兜底候选项。

（二）检察业务数据运用不够智能

1. 自动分析对比不足

受限于数据分析准确性、便捷性均不够的客观现实，案情信息利用率整体偏低。一般需人工逐案提取、梳理、汇总。想要对办案过程数据信息实现自动抓取、快速统计、动态分析目前存在技术障碍，依靠人工统计分析难以保障结果准确且滞后性明显。

2. 数据分析运用不足

受限于目前系统内统计分析功能不完善、2.0 反查案件流程不能等问题，检察数据分析运用的方便快捷度仍较低，统计后系统外再分析仍是常态，更难以实现跨部门、跨行业的数据共享，信息共

---

① 胡勇：《检察业务分析研判》，中国检察出版社 2019 年版。

通性还不够，影响数据研判成果为领导决策服务和回馈社会治理效果。

3. 数据价值体现不足

受限于"建模"意识不足，未能围绕数据的上升、下降，同比、环比，类型、区域等全方位构建不同的检察业务数据模型，缺乏及时精准发现数据异常或阶段性、地域性特点的大型数据模型。在如何精选分析题目、精确分析特点、精深分析原因、精准提出对策上，还不能及时高效，数据分析的及时性、参考性、指导性还不够高。

（三）数据质量监管机制不够完善

1. 缺乏业务部门责任机制

检察业务信息填录是检察业务数据生成的基础。高检院规定案件信息由承办检察官录入或者由检察官助理、书记员协助录入。这种分散填录带来了监管上的困难，案管部门的监管直接面对办案部门每个检察官、助理甚至书记员，办案部门业务信息质量监管的第一责任人职责轮空。

2. 缺乏案卡数据填录规则

检察业务信息填录要求准确、规范、同步、完整，各项目信息的含义是什么，达到什么条件的信息才应当填录，都应当有明确的标准和规范。而目前仅有 2015 年《全国检察机关统一业务应用系统填录标准和说明》，对历次改革新增数据项目填录标准和规范缺乏统一标准，且缺乏有力的培训指导，造成上下、内外不同理解，影响数据质量。

3. 缺乏自动纠错、巡查功能

目前，在全国各地开发的"巡逻车""案卡医生"等软件，主要针对数据逻辑关系进行巡查、纠错，对个案信息的纠错、巡查功能相对不足，而且受限于软件与 2.0 等系统尚不能完全匹配等，远远不能达到自动纠错的效果，一些数据需要比对全案或者比对法律文书才能得出正确结论的不能实现自动纠错，如案件当事人信息填录错误，系统未能实现案卡信息与法律文书信息的自动比对、纠错功能。

三、 检察业务数据参与社会治理解决路径

社会治理体系和治理能力现代化的实现，需要检察业务数据的参与和支持。然而，检察数据如何参与，如何提供持续有效数据、符合社会需求的服务，这不仅涉及检察机关自身的发展，更涉及党委政府、社会、个人等多方协同、互动，亟须建立规范有效的解决路径。

（一） 从服务党委政府层面，促进社会治安综合治理效能提升

在数字化改革的历史机遇下，检察机关只有抓住机遇，找准参与和服务社会治理的着力点，长效防控，才能切实为业务数据赋能社会治理贡献检察智慧。

1. 通过"人工＋智能"提升业务数据精准性

检察业务数据参与社会治理，必须借助与治理目标相关信息的有序化收集、储存和控制。只有将大量碎片化且无规律的信息整合成有用、有序的数据，才能使数据参与更有针对性。要建立一个更加完善的信息收集和数据研判平台，通过对海量数据的采集、挖掘、加工、汇总、整合、存储和分享，打破参与社会治理的信息壁垒，提供精准的数据支撑，提高检察业务数据参与社会治理的针对性和有效性。围绕当前制约人民群众需求满足度提升的痛点难点，基于系统观念和检察业务数据参与社会治理的总体工作思路，通过典型个案分析、案发规律梳理、数据共享归集、数据碰撞比对、类案线索研判等流程设计，搭建数据研判分析平台，实现技术视角下

的业务数据对法律监督视角下的案发规律特征的准确"表达"，从而实现了对诸多问题风险的精准识别。

2. 通过"挖潜+整合"提升数据分析针对性

针对不同类型的批量问题线索，坚持以类案分析为核心，认真履行风险研判职责，积极开展各种类型的类案分析。可先由检察官对批量异常案件进行审查分析（初步审查），再将案件交案件管理部门进行类案分析，通过初步审查、类案分析的交替运用，形成高质量的类案研判分析报告，使批量异常问题最终成为"四大检察"视角下可监督的类案。在开展类案分析过程中，要进一步追根溯源，查找类案背后的制度机制性漏洞，通过堵塞漏洞，实现隐患风险的长效防范。

3. 通过"揭示+提示"提升数据运用专业性

围绕党和国家工作重点和人民群众关心的热点问题，紧密结合司法办案，精心选择分析主题，剖析国家法治和社会治理等方面存在的漏洞缺陷，研究提出务实精准的对策建议，为深化国家治理提供参考。用好检察业务数据这个司法办案的"晴雨表"、为社会治理现代化提供"检察预警"。通过检察业务数据分析研判会商，分析数据较大幅升降背后反映的检察监督办案中的进展与问题。针对业务数据"风向标"反映出的问题，商议改进工作举措。

（二）从服务国家法治层面，推动轻罪治理促进国家法治进步

在积极刑法观的影响下，我国入刑门槛逐步降低，犯罪圈不断扩大，如将妨害安全驾驶、高空抛物、冒名顶替等行为作为"轻罪"纳入刑法规制范围。检察机关作为法律监督机关，在轻罪治理方面应当主动作为，积极发挥检察业务数据作用，研判轻罪治理重心从审判程序转移到审前程序的必要性，分析检察机关在审前程序的案件分流实践，进一步优化司法职权配置。

1. 对少捕慎押政策落实情况深入分析

鉴于轻罪案件犯罪嫌疑人社会危害性小、犯罪情节较轻，其认罪认罚后，在强制措施上也应体现"从宽"处理，优先适用非羁押措施。通过对采取逮捕措施并判处三年以下有期徒刑案件的分析，研判逮捕必要性、社会危险性、延长羁押期限合法性、羁押必要性审查全过程覆盖等，研判办案中存在的审前羁押率过高、未决羁押时间过长、羁押期限决定刑期的"倒挂"现象等问题，提出在轻罪案件中应慎用羁押措施、加强对公安机关移送社会危险性相关证据的审查、落实全程动态的羁押必要性审查机制等意见，为轻罪治理提供数据支撑。

2. 对不起诉制度运行情况深入分析

不起诉权实际上是法律赋予检察机关放弃追究犯罪嫌疑人刑事责任、转以非刑罚化方式惩处的权力。不起诉使轻罪案件终止在审查起诉程序、无须流入审判程序，从而节约司法资源。检察机关应积极运用轻罪不起诉制度，探索多样化的非刑事化处理方式。通过对轻罪认罪认罚案件分析，研判认罪认罚情节作为酌定不起诉适用条件的合理性，推动提升酌定不起诉率。探索扩大附条件不起诉的适用范围，结合企业合规不起诉案件分析，研判附条件不起诉制度运用到涉企案件的可行性，通过责令涉案企业履行合规义务、第三方配合检察机关完成监管，最终将轻罪案件进行非刑事化处理。

3. 对刑行处罚衔接落实情况深入分析

进一步完善不起诉处理与行政处罚程序的衔接机制，提升不起诉适用效果。通过对不起诉案件的后续行政处罚衔接落实情况深入分析，明确不起诉之后"刑行衔接"的移送步骤、方式、时限、以及移送后的处理方式，避免不起诉案件的后续处罚机制落空、出现"不诉了之"情形。结合对不起诉案件检察意见书的分析，研判检察机关提出资格罚检察意见的实践，增强检察意见书的强制力，保障处罚机制的有效衔接。

（三）从服务社会个人层面，提升在社会群体中运用的广度和深度

检务公开是检察业务数据参与社会治理的重要抓手。检察机关要充分发挥法律专业化优势，树立信息公开新样本；充分发挥基础业务优势，打造创新高地；充分发挥检察数据智能化优势，探索新发展格局构建路径。

1. 案件信息公开

做好服务就是参与社会治理。检察业务数据精准推送案件当事人，是参与社会治理的重要内容。通过手机短信、微信等途径，依法向案件当事人推送程序节点信息、权利义务信息，保障当事人知情权和相关诉讼权利。适度扩大法律文书公开的种类和范围，调整公开时间节点，将起诉书公开节点提前至向法院提起公诉后 10 日内，将公益诉讼起诉书、检察建议书、提请抗诉书等法律文书纳入主动公开范围，提升公开的质量和效果，更好地保障人民群众对检察工作的知情权、参与权和监督权。

2. 业务数据公布

检察业务数据公布是深化检务公开的重要内容，要积极探索以案件质量主要评价指标为主要内容的业务数据公布工作，定期公布业务数据。拓展数据公布范围、维度、深度，实现由公布办案数量向公布办案质量延伸、由纵向对比向横向对比延伸、由公布办案数据向解读数据背后的原因和趋势延伸。加强对反映趋势性、倾向性问题的数据解读，发挥数据解读对人民群众、社会治理的预警、引领作用。

3. 典型案例发布

典型案例教育群众，能起到警示和教育一片的作用。定期选取

典型案例对外发布，并通过检察官对案件背后法律适用和典型意义的深入解读，持续向群众普及法律知识、用案例引导民众树立规则意识，增强公众认同感、提升检察机关参与社会治理的效能，有效预防化解社会矛盾纠纷、维护和谐有序的生活秩序。同时，要不断丰富典型案例的传播渠道，拓展检察机关参与社会治理的路径。

以"质量建设年"为契机
全面推进案件管理工作提质增效

佟光喜[*]

目　次

---

* 江苏省徐州市人民检察院党组成员、副检察长。

2022 年是检察工作"质量建设年"。全面落实高检院党组关于检察工作"质量建设年"工作部署，以案件管理工作高质量发展服务保障检察工作高质量发展，是 2022 年案管工作的重中之重。2021 年童建明副检察长在全国检察机关第二次案件管理工作会议上明确指出，检察机关要明确新时代案管工作思路和任务措施，推进案件管理体系和管理能力现代化，为促进检察工作高质量发展提供坚强管理保障。作为检察业务中枢，案件管理部门应审时度势，紧紧抓住检察工作"质量建设年"的契机，以更高站位明责于心、更强自觉担当于身、更严标准履责于行，以实际行动迎接党的二十大胜利召开。

一、 以更高站位明责于心，通过提升境界做优新时代案管工作

深化新时代案件管理工作的认识，提升做优新时代案管工作境界可以从规范、监督、数据治理三个关键词来理解。

（一）保障规范司法需要优质高效的案管工作

2021 年全国检察机关第二次案件管理工作会议明确了"1235"总体工作思路，案件管理工作进入新时代。案件管理不同于行政管理，具有很强的业务性，案件管理部门承担着涉案财物监管、案件质量评查、业务统计分析、检察业务考评、案件信息公开等职能，这些业务各有特色，性质上高度统一，相互关联，相互依存，共同促进检察机关规范司法，是与刑事检察、民事检察、行政检察等传统检察业务相并列的一项检察机关"日常性业务"，是刑事诉讼规则、民事诉讼监督规则和检察机关执法规范赋予案件管理部门必须履行的重要职责。

规范的司法办案必然要求高质量的案件管理，案件管理部门必

须以更高站位明责于心，把好案件管理关口、进一步强化对检察业务数据的精准分析研判和数据指标指引、持之不懈抓好检察业务信息公开、业务数据分析发布、人民监督员制度落实，才能让人民群众在每一个司法案件中感受到公平正义。案件管理部门全体干警要深刻认识到案件管理工作的检察业务属性，按照业务部门的特点和要求，加强案管部门的职能建设、规范建设，确保案件管理部门全面统筹和深度参与各项检察业务建设。

（二）强化内部监督需要优质高效的案管工作

随着司法责任制改革不断深化，司法赋权放权的步伐相对较快，但明责追责的步伐还跟不上，与新办案机制相适应的制约监督机制还不健全，更加迫切需要加强办案监督。司法责任制改革取消"三级审批制"办案模式，部门内部纵向监督的方式减少力度减弱，检察长直接面对众多检察官，巨大的管理压力需要有案管部门在检察长与检察官之间建立联系，加强横向监督，实现检察长对所有检察业务的领导与指导，使案件管理的价值得以彰显。

顺畅的内部监督必然要求高质量的案件管理。案件管理通过案件受理、统一分案、流程监控、结案审核等职能，在具体办案过程中履行监督制约职责。案管部门的监督参与、跟进、融入式监督，是全面、实时、动态式监督，既不影响检察官办案自主权，又对检察权运行具有制约作用，在确保检察权依法规范行使方面具有独特地位和显著优势，必将在检察机关内部监管中扮演更加重要的角色。

（三）提升治理水平需要优质高效的案管工作

案管部门是检察机关大数据管理中心，全面占有数据资源，大数据的运用会更加凸显案件管理部门的重要性。通过分析各种类型的关联数据，研判检察治理水平的对策建议，这对于整体检察工作的发展具有十分重要的意义。案件管理部门可以将这些冷冰冰的数据转化为有温度的分析，为院党组的决策提供依据和智力支持。业务之间数据关联，可以发现整体办案行为的趋势；业务数据与人关联，可以发现员额检察官个人办案行为的趋势；问题数据与业务数据、与人关联，可以作为结构优化的重要参考。可以说，充分利用占有的数据资源，把参谋服务作用发挥好，案件管理部门就会是院党组离不开的小智囊，地位会越来越巩固，越来越重要。

开展数据治理必然要求高质量的案件管理。案件管理部门要通过数据应用做好"四大检察"全面协调充分发展的"指挥棒"和"矫正器"，通过程序监督、实体监督、数据监督、业务数据分析研判、以"案－件比"为核心的业务评价体系及检察官业绩考评指标体系把控个案质效，同时，通过充分、有效的数据治理牵引检察业务整体向前。

二、 以更强自觉担当于身， 通过适应新要求做优新时代案管工作

做优新时代案件管理工作，案管干警需要适应司法责任制、内设机构改革、办案模式改变给案管部门带来的新要求，以更强的检察自觉主动适应新变化，勇于担当新使命。

（一）司法责任制改革对案管工作提出新要求

司法责任制改革带来办案组织、办案机制的变化，必然要求案管工作相应进行职能优化和方式调整。一是监督职能要从事务性服务管理，向业务性监督管理转变。二是监督对象要从对办案部门整体监督，向对办案检察官个体监督转变。三是监督内容要从浅表性、枝节性问题，向影响司法公正的重大程序和实体问题转变。四

是监督主体要从集体集中监督向个体独立监督转变。这些都对案管工作带来新的挑战。

案管部门干警要牢固树立做优案件管理工作的主体意识，主动谋划，主动适应司法责任制改革给案管工作提出的新要求、新变化，紧盯上级部署，攻坚克难，积极主动争创一流业绩。

（二）内设机构改革对案管工作提出新要求

从 2011 年高检院开始探索试行案件集中管理到现在，案管部门逐步开始承担案件进出口管理、涉案财物监管、律师权利保障、流程监控、案件质量评查、统一系统应用管理、数据管理与分析、检务公开、司法档案管理以及检察官考评等一系列工作。内设机构改革后，市县院案管职责事务化、地位作用弱化等问题相对突出，特别是县级院案管部门合并了控告申诉、研究室、检察技术等职能工作。增加了这些业务也增加了部分人员，院党组需要对案管工作进行统筹布局，合理调配内部资源，向体系化、集约化和专业化管理转变。既做好事务性的工作，也要明确工作重心，不断加强案管司法业务属性，使之更加符合检察工作实际和司法工作规律，发挥其不可替代的促进检察业务规范和提升的作用。

市级院案管部门要加强本地区各有侧重的职能布局。市院案管部门重在发挥承上启下作用，要在重点抓好自身业务数据监管、流程监控、案件质量评查的同时，要把业务数据分析摆上重要位置，并加强对基层院案管工作的指导。基层院重在发挥基础作用，在做好日常性、基础性工作的同时，要将业务数据监管、流程监控案件、质量评查作为核心业务，切实把业务数据搞精准、把办案程序抓规范、把办案质量提上去。

（三）办案模式变化对案管工作提出新要求

司法责任制改革一项重要内容是改变以往具有浓厚行政色彩的案件审批制度，取而代之的是独任制和办案组相结合的办案模式，同时建立相应的权力清单，将大部分的权力下放给检察官，实现"谁办案谁负责、谁决定谁负责"。已经实施的捕诉合一办案模式、全面推开的认罪认罚从宽制度，有利于检察官专业化建设，但同时也进一步增加了检察官的权力，对办案监督提出了更高要求。从总的趋势看，司法责任制的落实会促进司法公正，提升专业化水平。但现实中部分办案人员的能力和素质尚未达到完全独立承办和决断的要求，对于权力的监督制约机制还不成熟，如何保证承办检察官不滥权也是必须面对的问题。

案管干警对此要有清醒认识，在案件管理工作中要主动适应办案模式的变化，把监督作为服务的引领，把服务作为监督的方式，在监督中服务，在服务中监督，既不能"居高临下"，又要善于"左顾右盼"，注重原则性与灵活性相结合，做到与新型办案模式的同频共振。

三、以更严标准履责于行，通过构建新格局做优新时代案管工作

构建新时代案件管理工作发展格局，可以从多赢共赢、分析研判、队伍建设三个路径入手。

（一）达成多赢共赢共识，为严管真管营造了良好的外部环境

张军检察长在山东调研时指出："案管工作非常重要，但是个得罪人的活，谁愿意被监督着干活啊，就是本着管是爱的理念，严管厚爱加强监督。"案管部门加强监督管理，把司法不规范问题解

决在检察机关内部，一方面避免检察官被司法责任制这把悬在头上的利剑击中，另一方面防止不规范问题外溢对司法公信力造成不可挽回的影响。办案部门的同志原来认为案管增加了麻烦、束缚了手脚，现在他们由误解到理解、由反感到认同、由不配合到支持。案件管理部门与办案部门的目标和价值追求一致，只是分工和职能不同，需要监督者和被监督者形成合力，对外提供更能满足新时代人民司法需求的"检察产品"。监督与被监督良性关系的建立，才能实现双赢多赢共赢，最终赢得人民群众对检察工作的满意和信赖。

（二）强化检察业务数据分析

在以往的分析中，多注重以部门为单位，对条线办案情况进行分析。司法体制改革后，弱化部门概念，突出检察官个体办案作用，案管部门可以结合高检院编制的不同业务岗位检察官素能标准，采集和汇总每位检察官的办案数量、质量和效率，结合日常流程监控和案件质量评查所得问题数据，形成以检察官为单位、涵盖全面的办案情况，以数据表格（或图形）的形式在态势分析报告中展现，帮助院党组全面、动态掌握检察官个体司法履职情况，协助院党组完成对检察官个人司法履职的管理。将分析同步反馈给业务部门及检察官，促使其自行查漏补缺和改进，激励其不断改进和自我提升。

（三）推进案管队伍专业化建设

案管部门职能多，任务重，要想把案管工作干好，人才是关键，机构改革后，检察机关需要把政治素质高、业务能力强、敢于担当、善于统筹协调、公道正派的同志安排在案管岗位，培养出一支能干肯干的案管队伍。要教育引导案管干警在每一项具体案管工作中坚定有力、创造性贯彻党中央决策部署，把案管工作作为事关检察工作高质量发展的大事，增强做好工作的政治自觉。要通过学习培训、岗位练兵、业务竞赛等多种方式，努力把案管干警培养成检察业务的"全科医生"、管理领域的"专科医生"。

院党组要给案管部门当坚强后盾，切实重视案管工作，关心案管工作，做熟悉案管业务的"领路人"，真正把强化案件监督管理作为推进检察业务建设、提高法律监督能力的龙头来抓。要保持案管队伍的相对稳定性，要定期听取案管工作情况汇报，帮助解决工作困难和问题，旗帜鲜明地支持案管部门充分履行管理职责，切实发挥案管部门在规范司法中的作用。要按照张军检察长的嘱咐，重自强，以案管规范化建设为抓手，提升"四大检察"工作水平，努力在新时代为人民群众提供更多更优更实的法治产品、检察产品，努力在百年未有之大变局中作出检察人应有的贡献。

如何实现人民监督员
"有形监督"向"有效监督"转变

王海燕　宋　艳　范冬艳[*]

目　次

---

* 王海燕，江苏省连云港市人民检察院案件管理部主任；宋艳，江苏省连云港市赣榆区人民检察院党组成员；范冬艳，江苏省连云港市赣榆区人民检察院检察官助理。

一、 人民监督员的 "有形监督"

（一）制度历史沿革及规范性文件

人民监督员制度自 2003 年实施以来，经过 19 年的发展，在改革和探索中不断完善。

2003 年，为破除检察机关在办理职务犯罪案件中自侦、自捕、自诉的监督盲点，最高人民检察院开启人民监督员制度试点工作，并于 2003 年 9 月通过《关于人民检察院直接受理侦查案件实行人民监督员制度的规定（试行）》（以下简称 2003 年《规定》）。自此人民监督员制度正式登上历史舞台。2003 年《规定》细化了人民监督员任职资格、产生程序、监督范围、监督流程、监督效力等。

2010 年，最高人民检察院在前期经验积累基础上，出台《关于实行人民监督员制度的规定》，对人民监督员任职资格、选任模式、任期调整、监督程序、监督效力、履职保障等内容进行了修改，明确规定禁止一些具有公职身份的人成为人民监督员，强化了监督群体的"大众化"，并且在选任方式上，增加了公民自荐这一方式。

2014 年，最高人民检察院联合司法部对人民监督员选任管理方式进行改革，两机关联合出台《关于人民监督员选任管理方式改革试点工作的意见》并开展试点工作，调整了人民监督员的任职比例，以此强化人民监督员制度的"人民性"。与此同时，最高人民检察院在 2014 年通过制定工作方案的形式，扩大了人民监督员的监督范围，规范了监督程序，强化了人民监督员的知情权。

2015 年 2 月，中共中央全面深化改革领导小组第十次会议通过《深化人民监督员制度改革方案》，对人民监督员的选任管理机关、选任方式、监督案件范围和程序等提出了新的具体要求。2015 年，最高人民检察院颁布了《人民监督员监督工作的规定》（以下简称

2015 年《规定》)。2016 年 7 月，最高人民检察院与司法部联合发布《人民监督员选任管理办法》，对人民监督员选任进行全方面的细化和完善。

随着《中华人民共和国监察法》的颁布，2018 年刑事诉讼法随之修改，检察机关对 14 种法定犯罪的职务犯罪侦查权得以保留，但也并非对这 14 种犯罪享有绝对管辖权，而是"可以"侦查。因此人民监督员变得"无权可监"。但是同年 3 月，最高人民检察院主动邀请人民监督员对检察机关的办案过程进行监督，且监督范围不再局限于职务犯罪案件。包括各个地方检察机关也探索在办理各类刑事案件中邀请人民监督员监督，并积累了丰富的实践经验。

2019 年 8 月 27 日，最高人民检察院出台《人民检察院办案活动接受人民监督员监督的规定》（以下简称 2019 年《规定》），2019 年《规定》郑重明确了人民监督员监督范围、监督方式、组织保障等各方面内容，为人民监督员制度发展指明方向。首先，人民监督员的监督范围有了重大突破，除了检察机关办理的 14 种职务犯罪案件外，理论上还包括"四大检察"和"十大业务"在内的各类案件。其次，人民监督员的监督方式得以丰富，2019 年《规定》确立的十种监督方式，拓宽了人民监督员履行监督职责的渠道。①

2022 年，为进一步深化人民监督员制度改革，规范人民监督员选任管理工作，最高人民检察院、司法部对 2016 年《人民监督员选任管理办法》进行修订，并印发新的《人民监督员选任管理办法》，旧法随即废止。

（二）制度层面存在问题

从人民监督员制度历史沿革可以看出，该项制度发展至今，在

---

① 周斌：《确保人民监督员"刚性"监督检察办案——最高检案管办负责人就检察办案接受人民监督员监督规定答记者问》，载《法制日报》2019 年 9 月 3 日。

制度层面存在以下问题。

1. 法律位阶较低

人民检察院组织法将人民监督员制度明确写入其中，这是目前规定人民监督员制度法律位阶最高的法律。但人民检察院组织法对该制度规定过于笼统，仅有"人民监督员依照规定对人民检察院的办案活动实行监督"的规定。对此进行细化的规范文件是最高人民检察院 2019 年《规定》。2019 年《规定》为检察机关内部办案准则，对外部的约束力有限。同时该文件由最高检出台，还会使人民监督员制度受到质疑：检察机关自己创设一项制度来监督自己，如何能保证监督的独立性？①

此外，在最高检出台规定的基础上，各地区可根据当地实际情况出台相应的实施方案，以使人民监督员制度更加符合当地的法治环境，并且细化、规范实际操作流程。但如此一来，必然导致各地对人民监督员制度执行标准、执行力度和尺度不一，监督效果也参差不齐。

与同质的人民陪审员制度相比，因人民陪审员制度被写入刑事诉讼法，其在实践中被普遍遵守、依法实践，制度作用的发挥较人民监督员更为明显。

2. 监督效果制度保障不足

最高检 2004 年《规定》中，将 2003 年《规定》中的"根据案件需要，人民监督员可以应邀列席检察委员会会议"内容删除，削弱了人民监督员履行监督职能的有效性。

2015 年最高人民检察院、司法部制定《深化人民监督员制度改革方案》，设置了复议程序，即"人民检察院处理决定未采纳多数

---

① 黄孝伟：《检察机关人民监督员制度深化改革研究》，华东政法大学硕士学位论文，2017 年。

人民监督员评议表决意见，经反馈说明后，多数人民监督员仍有异议的，可以提请人民检察院复议一次"。此规定实际是赋予人民监督员制度刚性。2015 年《规定》又对人民监督员复议程序、履职保障等方面进行了细化规定。然而在 2019 年《规定》中，并未明显提升人民监督员的监督刚性或执行力，2014 年的工作方案规定的复议程序也未出现。①

二、 人民监督员制度实践中存在的问题

人民监督员制度发展至今取得了丰硕的成果，该制度拓宽了人民群众对检察工作的监督渠道，进一步规范了检察权的运行，提升了检察机关办案决策的合法合理性。但在实践探索中，人民监督员制度也逐渐显露出一些问题。

（一） 监督意见效力问题

人民监督员制度设计初衷是建立将监督意见打造成为具有刚性效力的监督制度，但从现行规定及司法实践来看，人民监督员对案件的意见并不产生直接绝对的影响效果，因此学界多数人认为该项制度是一项柔性监督，其意见只起到参考性的作用，并没有刚性效力。例如根据调查显示，从 2014 年 9 月到 2018 年 5 月，全国省、市两级检察机关共组织监督案件 10004 件。其中，人民监督员不同意检察机关拟处理意见的 394 件，检察机关后续采纳的有 163 件，采纳率占 41.4%。② 对于未采纳的人民监督意见，根据 2019 年《规定》，人民检察院经研究未采纳监督意见的，应当向人民监督员作出解释说明；人民监督员对于解释说明仍有异议的，相关部门或者

---

① 李思远、周颖：《人民监督员制度：处在十字路口的反思与重构》，载《浙江警官学院学报》2021 年第 4 期。

② 陈卫东：《新时代人民监督员制度的发展与完善》，载《法学》2019 年第 3 期。

检察官办案组、独任检察官应当报请检察长决定。此种制度设置为人民监督员存在异议的情形提供了救济途径，增强了人民监督员的意见效力，反映出检察机关对人民监督员意见的重视。但从整体规定来看，人民监督员的监督意见不具有最终决定效力。对于不采纳人民监督员意见的情况，虽然存在一些限制性规定，但是仍然改变不了人民监督员柔性监督的性质。

（二）人员选任存在问题

已废止的 2016 年《人民监督员选任管理办法》规定，拥护中华人民共和国宪法、品行良好、公道正派、身体健康的年满 23 周岁的中国公民，可以担任人民监督员，对人民监督员的学历要求为具有高中以上文化。司法行政机关接受公民自荐报名，商请有关单位和组织推荐人员报名参加人民监督员选任。① 2022 年起施行的《人民监督员选任管理办法》继承了旧法对年龄、学历的规定，同时明确规定人民监督员可通过个人申请、单位和组织推荐两种方式产生。新、旧办法对于扩大人民监督员选任范围是一脉相承的。然而在对一些省份选任工作进行分析后发现，现实操作中自荐的人员并不多，徘徊在 20% 左右，单位和组织的推荐是主流。这样的过滤流程，将部分民意表达机会拒之门外，形式上的民主得不到真正的保障。目前这种主要依赖单位推荐、辅以个人自荐，司法行政机关最终确定的模式中，国有企业、事业单位、地方龙头企业占据很大部分比例，但是为数众多的中小民营企业能够推荐的人民监督员并不多。且实践中存在自荐人必须通过单位盖章，才能提交自荐书的情况，实际上堵塞了人民监督员自荐的道路。②

---

① 旧《人民监督员选任管理办法》第 10 条，已废止。
② 杨平、澜沧拉祜族自治县职业高级中学教育行政管理（教育）再审审查与审判监督行政裁定书，（2019）云行申 92 号。

三、 实现人民监督员从"有形监督"到"有效监督"的可行路径

作为一项在 2012 年刑事诉讼法修正前即存在的探索性实践制度，人民监督员制度并没有被修改后的刑事诉讼法所采纳。但目前检察机关在批捕、起诉活动中仍需有效的外部监督，人民监督员制度的必要性不言而喻。然而和人民陪审员制度相比，人民监督员制度发展过于缓慢，规范化、统一化、立法化仍待实现。

（一） 提升制度立法层级

人民监督员制度经过 19 年的探索，实践经验不可谓不丰富，相关理论研究也较为成熟，但是现行法律中，除人民检察院组织法原则性规定该项制度外，规范该制度的法律依据只有最高人民检察院和司法部内部的工作文件，效力层次较低，立法工作缓慢。因此，应当加快立法工作进程，尤其是关于该制度具体的监督情形、监督程序、评议意见的效力、工作机制等方面还需要进一步通过立法的形式确立和细化。

2004 年，全国人大常委会通过《关于完善人民陪审员制度的决定》，不同门类的诉讼法中也都有关于适用人民陪审员制度的内容。较高的法律位阶规定扎实了人民陪审员参与司法工作的合法性基础。组织方式、操作规范等方面，人民陪审员制度也更加系统明确。人民监督员制度的立法工作参考借鉴人民陪审员制度。

（二） 提升监督意见刚性

人民监督员的意见只是一种参考性的指导，缺乏强制力，是否被采纳还取决于检察机关。作为一种监督意见，如果不被赋予较高的效力，不仅会挫伤意见提出者的积极性，更会因为制度构建成本

大实际效果小而受到是否有存在必要的质疑。应进一步通过立法明确监督意见的约束力。如果人民监督员的意见确实存在错误或者不当之处，案件承办人可以启动必要的救济措施，由检察委员会研究决定重新抽取人民监督员进行监督，将两次监督意见进行比较，如果前后两次监督意见一致，即应接受监督意见，肯定监督意见的效力。在制度贯彻落实中，检察官应深入学习领会该制度设置的初衷，自觉配合人民监督员的监督工作，主动吸收采纳合理意见，规范自身的职务行为。

（三）优化选任方式

当前群众的法律素养不断提高，参与司法的热情高涨，群众对于参与监督检察工作是感兴趣的。但是实践中自荐方式往往仍需通过单位盖章、审批等流程，使其流于形式。应当明确提高自荐方式产生人民监督员候选人的比重，实现人员组成的多元化。司法机关可以通过宣传使公众更好地了解这一制度，在提高自荐比例的同时，提升监督结果的说服力。此外对目前数量众多而参与度较低的民营企业等，可以给予一定的政策优惠条件，提升其内部推荐人员的积极性。通过广泛发动社会各界参与人民监督工作，提升人民监督员制度效果和社会认可度。

《检察业务管理指导与参考》征稿启事

《检察业务管理指导与参考》是由最高人民检察院案件管理办公室和中国检察出版社联合创办的指导性连续出版物，以"加强工作指导、促进理论研究、解决实际问题"为宗旨，坚持理论联系实际的原则，贯彻实用性、指导性和权威性的编写特色，为全国业务管理理论研究者和实务工作者提供交流平台，欢迎广大检察人员、高等院校和研究机构的专家学者以及各界人士投稿。

一、 征稿内容和主要栏目

稿件内容为业务管理理论与实务问题研究，主要包括业务管理基础理论、检察改革背景下业务管理的职能定位，案件综合管理、流程管理、质量管理、统计信息管理、业务信息化管理等职能履行方面的理论与实务研究，统一业务应用系统的应用和完善情况、案件信息公开工作的经验及建议等。主要包括以下栏目，具体情况可以结合实际适时调整。

（一）政策指导类栏目

高层声音：中央、最高人民检察院领导关于业务管理工作的重要讲话，最高人民检察院召开的有关业务管理工作会议精神。

领导论坛：最高人民检察院案件管理办公室领导、各省级院领导有关业务管理工作的讲话、调研报告、理论文章等。

理论前沿：司法体制改革背景下，政法部门业务管理总体职能定位、主要任务、发展趋势等方面的研究成果。

政策解读：专家学者或各级院案件管理部门负责人对涉及业务管理工作的法律法规、规章制度进行的深度解读。

（二）业务研讨类栏目

业务研究：对案件综合管理、流程管理、质量管理、统计信息管理、业务信息化管理、人民监督员履职管理等各项职能进行深层次研究。

经验交流：各级检察机关案件管理部门结合实际，创新开展工作的经验做法。

典型案例：在案件受理审查、流程监控、质量评查、业务考评、业务分析研判、人民监督员履职等具体工作中形成的具有典型意义的案例或事例（附工作文书）。

（三）专题类栏目

规章制度：最高人民检察院和省级院制定下发的有关业务管理工作的规定、决定、意见、通知等规范性文件。

专项解答：针对各地业务管理工作中出现的常见问题、突出问题的专项汇总解答。

分析研判：各地围绕检察工作重点，发挥业务管理职能作用，深入开展的业务分析研判。

（四）其他栏目

案管风采：部分先进案件管理部门或者优秀案件管理人员的典型事迹材料。

检察文苑：与检察业务管理工作相关、可读性较强的纪实报告、小说、散文、诗歌、随笔等文学作品。

二、 投稿要求

1. 原创性。本书主要刊发原创的理论和实务文章。稿件如已在其他刊物发表过，投稿时请务必注明刊发的时间和刊物名称。

2. 时效性。要围绕正在开展的业务管理重点工作和亟须解决的问题组织稿件，对业务管理工作具有一定的指导和借鉴意义。

3. 内容适宜公开发表。本书向社会公开发行，请针对文章中的数据、事例等材料认真进行保密审查，防止出现不宜公开或泄密的事件。

4. 数据引用要准确。文章引用的数据要列明来源和出处，确保真实准确。

5. 署名和引注要规范。鼓励作者独立署名，也可刊发合作署名文章，但对 4 人（含 4 人）以上的署名文章一般不刊发或者作集体署名处理；文章的引注请严格依照"注释体例"的要求。

6. 作者信息要完整。应在稿件电子版内（文章结尾处，无须另附文档）直接注明作者详细联系方式，包括通信地址、邮政编码、联系电话、电子信箱等，并附作者简介。

7. 稿件形式要合规。理论研讨文章一般应当在 3000 字以上，稿件电子版（word 或 wps 格式）应以"附件"方式发送至投稿电子信箱。

三、 注释体例

注释采用脚注方式，每页不连续编号，以阿拉伯数字加圆圈标志。

（一）著作类引文注释

作者：书名，卷次，译者，出版社，出版年份，页码。

例如：

①张文显主编：《法理学》，法律出版社 2004 年版，第 38 页。

②史尚宽：《民法总论》，中国政法大学出版社 2000 年版，第 23 页。

③［德］黑格尔：《法哲学原理》，范扬、张企寿译，商务印书馆 1961 年版，第 91 页。

④H. L. A. Hart，*The Concept of Law*，Oxford University Press，1961，p. 6 – 7.

（二）文章引文注释

作者：文章名，本书作者，所载书刊名，卷次，出版社，出版年份，页码。

例如：

①俞荣根、刘霜：《立法助理制度述论》，载《法学杂志》2007 年第 2 期。

②周光权：《违法性意识与犯罪故意的关系》，载陈忠林主编：《全国中青年刑法学者专题研讨会文集·违法性认识》，北京大学出版社 2006 年版，第 28 页。

③李希慧等：《"轻轻重重"应成为一项长期的刑事政策》，载《检察日报》2005 年 5 月 26 日第 3 版。

④Julius Stone，"Roscoe Pound and Sociological Jurisprudence"，in 78 *Harvard Law Review*（1965），p. 1578.

（三）数字和书名号的用法

1. 除引用原文外，文章中出现的数字（不含序数）均使用阿拉伯数字。

例如：

《中华人民共和国刑事诉讼法》第 159 条明确规定："对犯罪嫌疑人可能判处十年有期徒刑以上刑罚，依照本法第一百五十八条规定延长期限届满，仍不能侦查终结的，经省、自治区、直辖市人民检察院批准或者决定，可以再延长二个月。"这说明可能判处 10 年以上有期徒刑的犯罪嫌疑人被羁押的时间最长可达 7 个月。

2. 法律法规除全称需要书名号外，简称均不加书名号（加括号规定简称的除外）。

例如：

我国刑法中对被害人承诺没有明文规定，应当在立法中予以明确。

《最高人民法院案件审限管理规定》（以下简称《审限管理规定》）中明确规定："审判人员故意拖延办案，或者因过失延误办案，造成严重后果的，依照《人民法院审判纪律处分办法（试行）》第五十九条的规定予以处分。"

四、 投稿联系方式

1. 投稿邮箱。邮件请注明"《检察业务管理指导与参考》投稿"及主题，检察内网发至 agb_ zdyck@ gj. pro，外网发至 agbzdyck @ 163. com。

2. 本刊编辑部地址。北京市东城区北河沿大街 147 号最高人民检察院案件管理办公室，邮编：100726。

3. 编辑部电话：010 – 65200092。

图书在版编目（CIP）数据

检察业务管理指导与参考. 2022 年. 第 2 辑 ：总第 14
辑／最高人民检察院案件管理办公室编. —北京：中
国检察出版社，2022.5
　　ISBN 978 - 7 - 5102 - 2735 - 6

　　Ⅰ.①检…　Ⅱ.①最…　Ⅲ.①检察机关 - 业务管理 -
中国 - 丛刊　Ⅳ.①D926.3 - 55

　　中国版本图书馆 CIP 数据核字 (2022) 第 058150 号

检察业务管理指导与参考（2022 年第 2 辑）

最高人民检察院案件管理办公室　编

责任编辑：	芦世玲
技术编辑：	王英英
封面设计：	天之赋设计室

出版发行：	中国检察出版社
社　　址：	北京市石景山区香山南路 109 号（100144）
网　　址：	中国检察出版社（www.zgjccbs.com）
编辑电话：	(010) 86423750
发行电话：	(010) 86423726　86423727　86423728
	(010) 86423730　86423732
经　　销：	新华书店
印　　刷：	唐山玺诚印务有限公司
开　　本：	710 mm×960 mm　16 开
印　　张：	11　插页 8
字　　数：	139 千字
版　　次：	2022 年 5 月第一版　　2022 年 5 月第一次印刷
书　　号：	ISBN 978 - 7 - 5102 - 2735 - 6
定　　价：	40.00 元